O estilo de Lacan

Christian Dunker

O estilo de Lacan

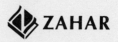

Copyright © 2025 by Christian Dunker

Grafia atualizada segundo o Acordo Ortográfico da Língua Portuguesa de 1990, que entrou em vigor no Brasil em 2009.

Capa
Bloco Gráfico

Preparação
Carolina Hidalgo Castelani

Checagem
Érico Melo

Revisão
Adriana Bairrada
Fernanda França

Dados Internacionais de Catalogação na Publicação (CIP)
(Câmara Brasileira do Livro, SP, Brasil)

Dunker, Christian
　O estilo de Lacan / Christian Dunker. — 1ª ed. — Rio de Janeiro : Zahar, 2025.

　ISBN 978-65-5979-235-1

　1. Lacan, Jacques, 1901-1981 – Crítica e interpretação 2. Lacan, Jacques, 1901-1981 – Psicologia 3. Psicanálise I. Título.

25-259852　　　　　　　　　　　　　　　　　　　　　　CDD-150.195

Índice para catálogo sistemático:
1. Lacan, Jacques : Psicanálise 150.195
Aline Graziele Benitez – Bibliotecária – CRB-1/3129

Todos os direitos desta edição reservados à
EDITORA SCHWARCZ S.A.
Praça Floriano, 19, sala 3001 — Cinelândia
20031-050 — Rio de Janeiro — RJ
Telefone: (21) 3993-7510
www.companhiadasletras.com.br
www.blogdacompanhia.com.br
facebook.com/editorazahar
instagram.com/editorazahar
x.com/editorazahar

Para Nathalia, Princesa da Bessarábia
... que nunca parou de perguntar se o livro
da arte já estava pronto.

Sumário

Introdução 9

1. Oralidade 27

2. Mística medieval e negatividade 61

3. Torção barroca e deformações maneiristas 81

4. Surrealismos psicanalíticos 121

Conclusão 163

Agradecimentos 183
Notas 185

Introdução

FREQUENTEMENTE ESCUTO DAQUELES com quem compartilho esforços de formação que Lacan é tortuoso demais. Que sua leitura nos faz sentir estúpidos e ignorantes e que sua obscuridade não desperta nenhum interesse. Muitos alegam que ele é simplesmente mau escritor, outros consideram que ele criou, de forma premeditada, um sistema exasperante feito de impostura, falta de rigor e pretensão arrogante. Anos atrás, ouvia também que seu ensino era apenas mais uma moda parisiense que esqueceríamos no próximo verão.

A proposta deste livro é introduzir o leitor à psicanálise de Lacan abordando sistematicamente as dificuldades de seu estilo. O leitor não encontrará aqui uma exposição organizada do desenvolvimento de suas ideias, nem as razões de seu programa para reintrodução da psicanálise no debate da ciência, ou a elucidação comparada de conceitos, na sua relação com outros autores e disciplinas. Tento apenas entender como o estilo de Lacan concorreu para a recepção ou a rejeição de suas ideias, a começar pelo seu contraste com a estratégia expositiva que encontramos em Freud.

O leitor ideal de Freud e o de Lacan não poderiam ser mais diferentes. Freud emprega recursos textuais caridosos, dialoga com interlocutores conjecturais e frequentemente chama o leitor como se estivesse em uma conversa. Lacan, ao contrário, conta com um leitor ideal que se comporta como um ouvinte extasiado, que se deixa levar por digressões, giros discursivos, ironias e chistes do mestre. Para obter alguma compreensão ele tem que escavar, pedra por pedra, até extrair alguma generosidade do texto. Tudo se passa como se houvesse uma inversão: Freud, o escritor que se dedica à retórica da oralidade; Lacan, o orador que foi sequestrado pela escrita.

Freud formou-se para ser um professor e pesquisador em neurologia. Ainda que tenha alcançado a posição de livre-docente tardiamente, jamais abandonou a exposição convincente e parcimoniosa de seus conceitos e ideias. O caráter original de sua descoberta justifica sua preocupação em falar a língua do leitor e se fazer entender segundo as regras da argumentação pela razão. Lacan, ao contrário, escolhe uma retórica da provocação e da denúncia para criticar a miséria, clínica e intelectual, dos estudos freudianos no pós-guerra. Para ele grassam na psicanálise obscurantismo, falta de lucidez, ausência de rigor, subserviência dogmática, psicologização e moralização, tanto nos conceitos quanto nas práticas de formação. Pior do que isso, o silenciamento e o conformismo moral dos candidatos a psicanalistas tendem a se reproduzir como exercício de poder com os pacientes.

Entre o Freud dos anos 1900 e o Lacan dos anos 1960, o leitor médio, inicialmente cético e refratário, havia passado a uma relação cada vez mais sacrílega e reverencial com o texto psicanalítico. Para Freud a psicanálise assemelhava-se a uma prática cultural, similar a uma investigação científica; para Lacan ela é uma experiência radical de emancipação. Em Freud a palavra *Deuten* combina admiravelmente esse trabalho de interpretação da cultura com autocompreensão;

trabalho de ciência e artesania, como a drenagem de um grande lago. Em Lacan a noção de transmissão acentua a tensão entre forma e conteúdo, a convivência efêmera entre captura pelos conceitos e desaparição na experiência, cuja melhor expressão se dá pelo contraste entre claridade e escuridão, iluminação e desconcerto.

Passados outros sessenta anos, desde Lacan até nosso tempo, chegou a hora de reavaliar a eficácia estilística de sua proposta. Como se comportaria o estilo de Lacan em ambiente discursivo, fora de sua terra natal, a França, em uma cultura da aceleração que trata a comunicação apenas como troca de informação?

A questão de fundo é saber se as peculiaridades expositivas do discurso lacaniano, repleto de erudição, alusões e efeitos poéticos, poderiam ser eliminadas, sem prejuízo do conteúdo, ou se tais peculiaridades estilísticas desempenham um papel concreto na experiência de transmissão da psicanálise, considerando-se sua recepção local. A pergunta tem relevância para aqueles que se preocupam em descolonizar a psicanálise, ou ao menos pensá-la no contexto da recepção e da assimilação de ideias práticas provenientes de outras culturas. Estaria a linguagem lacaniana dominada pelas elites intelectuais, absorvida como mais uma prática de segregação social?

Considero que um estilo se define por uma certa unidade entre retórica, temática e forma de construção de enunciados — unidade que permite reconhecer um modo característico de dizer, no interior de um discurso ou gênero. Como hipótese de trabalho, encontrei quatro traços do ensino de Lacan que devemos considerar decisivos na composição de seu estilo:

1. A *oralidade*, entendida como função da palavra e da fala, com forte presença da situação de enunciação e da performatividade na determinação da mensagem. O ensino lacaniano desenvolve-se quase inteiramente no registro oral, por meio de conferências, seminários e intervenções públicas. Ainda que Lacan tenha tematizado amplamente a dimensão da letra, da escrita e da formalização, sua pesquisa nunca deixou de abordar limites e paradoxos entre o que se pode dizer e o que se pode escrever.
2. A *mística medieval*, interpretada como uma espécie de experiência histórica e localizada sobre os limites da linguagem. Menos do que uma religião ou teologia, ela é um exercício narrativo de criação e liberdade do que pode ser dito e do que deve ser silenciado. Eu me refiro aqui à importância, na formação de Lacan, dos autores da tradição apofática cristã e oriental, dos poetas metafísicos e da ontologia negativa.
3. O *barroco*, lido como programa estético e ideológico, capaz de responder aos movimentos protestantes, bem como justificar o projeto colonial nos impérios espanhol e português. O barroco, estilo ao qual Lacan declara explicitamente sua afinidade, seria uma espécie de língua comum, que possibilita renovar, unificar e expandir o cristianismo combinando a busca de conceitos rigorosos de aspiração universal com o discurso indireto, alusivo e ambíguo.
4. O *surrealismo*, considerado como projeto de recomposição ético, estético e epistêmico das formas de vida modernas, baseado na crítica da linguagem ordinária e do realismo ingênuo e na valorização do ato poético como modo de

resistência política. Lacan convive e colabora com os surrealistas nos anos 1930, empregando referências aos seus animadores, poetas e teóricos ao longo de toda a sua obra.

Como veremos, o estilo não é uma propriedade inerente a um texto ou autor, pois seu sentido depende das condições de recepção, comentário e interpretação. Seria simples ler esse conjunto de traços temáticos, enunciativos e retóricos, marcados por um vocabulário precioso e pela redação luxuriosa, como parte de uma estratégia de colonização, que começa pelo gesto de fazer o outro falar minha língua, ainda que esta lhe seja incompreensível, para depois justificar a existência de intérpretes e mediadores, perpetuando assim alguma minoridade de pensamento. Para apropriar-se das ideias de Lacan, não bastaria dominar a língua e a cultura francesas, seria preciso de certa forma tornar-se francês ou ao menos ser capaz de praticar as razões de seu estilo, compreendendo suas suposições e sentidos tácitos.

Nesse contexto, a disseminação do pensamento de Lacan no Brasil comporia mais um capítulo de nossa série de ideias fora de lugar, por meio da qual importamos teorias e práticas ultramodernas, para sanear nosso atraso cultural, mas que acabam justificando nossa modernização regressiva e de dependência. Nesse caso, a psicanálise lacaniana seria mais um *sintoma de Brasil*. Ela concorreria para suprimir contradições sociais, individualizando conflitos; legitimar teoricamente o patriarcado e desviar a problematização da posição da mulher, transformando-a em um problema da feminilidade; e não enfrentaria criticamente o racismo, ao defender um conceito de sujeito abstrato, formal e universal — bem como criaria associações antidemocráticas e pouco diversas que perpetuam uma mesma elite intelectual.

Por outro lado, os traços relativamente arcaicos do estilo lacaniano, seu ecletismo de referências, sua artificialidade erudita e sua tortuosidade barroca podem ser entendidos como um sintoma da própria psicanálise, que teria envelhecido em todo o mundo, se tornado obsoleta enquanto método terapêutico, anacrônica enquanto teoria, sobrevivendo no Brasil como forma residual de nossa própria condição periférica, atrasada e pouco desenvolvida em termos científicos. Dessa maneira o lacanismo, como segunda entrada da psicanálise no Brasil — no contexto da redemocratização institucional e política dos anos 1980, mas também da expansão da cultura psicológica, como interpretação de nossa desigualdade social —, comporia esse sintoma. Como uma espécie de fantasia de Brasil, como ponto de fixação em um momento arcaico do desenvolvimento, a psicanálise desaparece no mundo, mas sobrevive deformada, seja como psicoterapia, como falsa psicanálise ou como discurso social aparentado da hermenêutica religiosa, neste canto esquecido do planeta.

Se é possível ler a psicanálise lacaniana como sintoma da própria psicanálise, ainda assim, como Lacan advogou, é em nossos sintomas que encontramos nosso desejo, é neles que remanesce um grão de verdade, que não pode ser escutado de outra maneira. Por isso os mesmos traços estilísticos que justificam programas de colonização e dominação se prestaram ao trabalho de resistência, emancipação e retomada da história de nossos desejos desejados.

Contrastando com a sobriedade universalista de Freud, o estilo de Lacan mobiliza o espetáculo particular de sua épica cultural. No centro dessa épica encontramos o advento da psicanálise como acontecimento ético, epistêmico e político original, cujo sentido teria caído nas mãos de imposturas e distorções de toda sorte. Isso justificaria a forma grandiloquente de dizer lacaniana, envolvendo maneirismos e excentricidades, erudição e ironia. O que talvez tenha se desdobrado no mito de que para entendê-lo seria preciso ter vivido a turbulência da vida nas escolas de psicanálise que ele fundou, testemunhado a atmosfera dos seminários públicos que ele promovia. A combinação entre irreverência e severidade, presente nas suas intervenções e nos debates intelectuais dos quais temos o relato, favorece o efeito de ignorância mas também de "presencialidade perdida", pois ficamos sistematicamente perguntando ao texto: *afinal, com quem ele está falando?*

Um texto impenetrável convoca intérpretes, tradutores e comentadores. Entre eles se infiltrariam os intermediários e "atravessadores", interessados em aumentar o potencial colonizador das ideias francesas, com seus embaixadores e legatários. Essa situação se agravou com a demora de Jacques-Alain Miller, genro e herdeiro jurídico e moral de Lacan, em estabelecer e publicar a forma escrita dos seminários orais — processo que não consiste apenas na transcrição da fala, mas envolve muitas decisões de estilo e de compreensão, levantando o problema adicional, passados quarenta anos, de separar o estilo de Lacan do estilo de Miller.

A pista que sigo aqui para enfrentar essas questões baseia-se na retomada dos termos, das práticas e dos discursos que exerceram papel determinante, segundo o próprio Lacan, na produção de seu estilo singular. A noção de estilo é tomada mais como um operador de leitura do que como uma noção-chave para o entendimento da obra. Para uma análise vertical e circunstanciada do conceito de estilo em Lacan recomendo o trabalho de Gilson Iannini,[1] com o qual este livro dialoga e com quem partilha as preocupações de uma psicanálise para o século XXI.

Lembremos que a tarefa de Lacan, desde o início, não era tão diferente da nossa. Ele pretendia retornar a Freud e redescobrir o sentido de sua obra, escrita em outra língua, em outra cultura, e que havia sido mundialmente reconhecida pela qualidade de seu estilo literário. Pretendia, sobretudo, que a psicanálise enfrentasse as questões de seu tempo, a partir da renovação pelos saberes da ciência de então, da incorporação de achados estéticos e preocupações éticas da sua época. Encontramos em Lacan, ao contrário de Freud, uma reflexão sobre a própria função do estilo: "O estilo é essa dimensão *suplementar ao sentido*, que deriva da *forma de falar* e é, ao mesmo tempo, *suporte do desejo* e *causa da divisão do sujeito*".[2]

A palavra "estilo" vem do latim *stylus*, que quer dizer corte, como na pena utilizada para escrever, também chamada de *stilette*. Daí vem o uso do termo na moda, para designar um tipo de vestimenta, ou seja, o corte aplicado ao tecido. O estilo pode ser considerado a forma individual de um discurso, compreendendo tanto o seu caminho de formação quanto suas estratégias de transmissão. Por isso exprime um autodilaceramento, entre o que a cultura pregressa nos passou e o que fazemos passar para nossos destinatários futuros:

> Qualquer retorno a Freud que dê ensejo a um ensino digno desse nome só se produzirá pela via mediante a qual a verdade mais oculta manifesta-se nas revoluções da cultura. Essa via é a

única formação que podemos pretender transmitir àqueles que nos seguem. Ela se chama: um estilo.[3]

Na abertura dos *Escritos* Lacan cita frase do historiador Buffon, que diz, em 1753, no seu discurso de posse na Academia Francesa de Ciências: "O estilo é o homem, *ele mesmo*" (*"Le style, c'est l'homme même"*). Observemos que essa frase contém uma reiteração, pois ela não diz simplesmente "O estilo é o homem", mas acrescenta "homem, *ele mesmo*". Seria essa reafirmação do "ele mesmo" um mero jeito de dizer da língua francesa? Ou levanta-se aqui a hipótese da existência de um "homem, *ele outro*"?

Românticos como Baudelaire e Flaubert encontraram na noção de estilo de Buffon a figura do indivíduo criador, síntese singular entre o particular do gênero e o universal da arte. O verdadeiro sujeito e autor da própria vida seria alguém capaz de criar-se um estilo. Ter um estilo seria o antídoto para o sentimento de ser apenas mais um na massa uniforme. Uma cópia desprovida de originalidade que poderia ser substituída por qualquer outra pessoa. A ausência de estilo sugere um autor-tipo, genérico e socialmente previsível enquanto tal. Contudo, o problema para Buffon nesse "ele mesmo" era de natureza completamente distinta:

> O acento de Buffon é predominantemente normativo, incide sobre o caráter de exposição científica, sugere o elogio da escrita que difere da oralidade ou linguagem falada, insiste na relação harmônica e justa que deve existir entre conteúdo e forma, na coesão, na forma e na urdidura dos pensamentos, deixando de lado as noções menos pertinentes.[4]

Para Buffon o estilo se compara com a imitação da natureza: coerência da argumentação, clareza na descrição e harmonia da representação. Portanto, nele o estilo não é o *de cada um*, mas o estilo *como ele deve ser*, para todos. No verdadeiro estilo, ao ver naturalista de Buffon, a arquitetura das ideias deve se impor às pretensões literárias, os artifícios retóricos aos conceitos e os adereços à função de esclarecimento. Lacan quer reintroduzir a psicanálise no debate das ciências e das luzes, ambiciona formalizar noções e transmitir integralmente conceitos, propõe sistemas de escrita — como matemas, superfícies topológicas e nós borromeanos —, mas tudo isso acontece sob uma definição invertida em relação ao autor do qual ele parte.

Se as teses de Lacan e seu programa epistemológico são modernos, sua realização estilística é antiga e barroca. Oralidade em vez de escrita, pretensões literárias convivendo com demonstrações lógicas, conceitos expressos por fórmulas poéticas ou máximas morais. Se Buffon tem no horizonte uma experiência social relativamente nova para a época, ou seja, o indivíduo que muda de posição social, de país e de língua, colocando diante de si o desafio de não deixar de ser "ele mesmo", Lacan dialoga com uma subjetividade que sofre com o excesso de "si mesma" e continuamente acossada pelo Outro.

Ele faz uma primeira modificação na frase de Buffon dizendo que "O estilo é o próprio homem a quem nos dirigimos", sugerindo que o estilo não é a essência íntima ou singular de meu ser, mas a maneira como me coloco diante do Outro: "Isso [o estilo é o homem a quem nos dirigimos] seria simplesmente satisfazer a este princípio por nós promovido:

na linguagem nossa mensagem nos vem do Outro, e para enunciá-lo até o fim: de forma invertida".⁵

Observemos que, se a ideia de estilo remete à noção de autor, e se tal noção remete a termos como autoridade e autorização, chegamos a uma relação de proximidade entre a tese de que "O estilo é o homem a quem nos dirigimos" e a tese inovadora de que o psicanalista "não se autoriza senão de si mesmo, e de alguns outros". Se "O estilo é o homem, *ele mesmo*" define uma *autoria*, o homem "a quem ele se dirige" define o Outro simbólico, pelo qual o estilo depende de sua recepção.

Lacan faz um segundo acréscimo à formulação de Buffon, indicando que o estilo é também definido por nosso modo de relação com o objeto. Como crítico do humanismo e do historicismo, Lacan argumenta que o projeto das ciências humanas de tomar o homem como objeto deixa sempre um fragmento de objeto, não objetivado. Esse resíduo dos processos de conhecimento e de incorporação ética ele chamará de objeto *a*.

> É o objeto *a* que responde à questão sobre o estilo que formulamos logo de saída. A esse lugar que, para Buffon era marcado pelo homem, chamamos de queda desse objeto, reveladora por isolá-lo, ao mesmo tempo como causa do desejo em que o sujeito se eclipsa e como suporte do sujeito entre verdade e saber.⁶

De fato, um estilo não devia ser pensado apenas como regras intuitivas de composição formal, mas como cada autor e leitor lida com o prazer do texto, como ele cria efeitos estéticos, sejam eles ligados ao belo, ao feio ou ao sublime, sejam eles causa de prazer ou repulsa. Nesse sentido todo texto envolve uma economia libidinal de trocas com o leitor, bem como uma experiência de satisfação ou de angústia para quem escreve.

Depreende-se dessa formulação um terceiro acréscimo a ser incluído na definição de estilo, a saber, sua relação como o corte no Real. Aqui aparecem tanto as primeiras intelecções de Lacan no contexto do surrealismo como seus últimos desenvolvimentos lógicos sobre o Real.

> Esse corte da cadeia significante é único para verificar a estrutura do sujeito como descontinuidade no Real. Se a linguística nos promove o significante, ao ver nele o determinante do significado, a análise revela a verdade dessa relação, ao fazer dos furos do sentido os determinantes de seu discurso.[7]

De forma um tanto sintética, a noção de corte engloba três descontinuidades antes apresentadas: entre o Eu e o Outro, entre verdade e saber e entre sujeito e desejo. Três incidências de uma operação cujo estilo se define pelo corte. O corte é ao mesmo tempo um procedimento clínico, uma operação topológica e um operador de singularidade. Chegamos assim a uma definição preliminar e acumulativa de estilo em Lacan:

0. O estilo é o homem, ele mesmo. (Imaginário)
1. O estilo é o homem a quem nos dirigimos. (Simbólico)
2. O estilo é o objeto. (Real)
3. O estilo é o corte. (Que tanto une quanto separa Real, Simbólico e Imaginário)

Se o estilo é uma unidade formada pelo Real, pelo Simbólico e pelo Imaginário, ele depende de algo que cada um coloca de si, para que esses três termos permaneçam juntos: "Queremos, com o percurso de que estes textos são um marco e com o estilo que seu endereçamento impõe, levar o leitor a uma consequência em que ele precise colocar algo de si".[8]

"Colocar de si" sugere que ler Lacan é tomar decisões que convidam o leitor a passar frequentemente do comentário, em que se explicita o sentido do texto, para a interpretação, na qual se adiciona algo ao texto, seja para injetar perguntas, seja para inferir possíveis respostas. A tentação de completar lacunas e ambiguidades empregando momentos posteriores, referências ocultas e contextos indiretos acaba por aplainar arestas, hesitações e incertezas que fizeram parte do processo de construção. Por outro lado, esse é o estado atual dos estudos lacanianos, voltados para a tarefa coletiva de transformar o que ele chamava de "seu ensino" em uma obra. Por mais que ele mesmo não se considerasse um escritor, e ainda que seu estilo não seja canônico, uma obra acontece quando suas circunstâncias originais de enunciação e recepção são ultrapassadas pela textualidade. O trabalho articulado entre comentário e interpretação é essencial para que essa transformação ocorra. Todavia o estilo de Lacan parece feito para resistir a essa operação, ou pelo menos é um alerta para que não transformemos rápido demais o percurso de um ensino na totalidade de uma obra, definida por um autor.

Se o estilo de Lacan convida o leitor a completar o sentido indeterminado do texto, isso traz consigo o risco permanente de se preencher esse sentido por meio da adivinhação das intenções do autor ou do pinçamento de declarações e teses ao longo da obra. Assim se obscurece o que cada qual está colocando de si em sua leitura, corrompe-se a exigência de que o estilo faz parte da transmissão e abre-se a oportunidade para uma autoria parasita ou ventríloqua.

A hipótese de que o ensino de Lacan se elucide por si mesmo, revelando uma unidade lógica subjacente e imperceptível aos incautos, faz com que os conceitos apaguem os rastros de sua própria construção. Bloqueando os caminhos não tomados, escondendo hesitações e incertezas, silenciando intuições não desenvolvidas, perde-se toda a riqueza das perguntas não respondidas. Extirpando-se o problema do estilo, aumenta-se a consistência dos conceitos. Suprimidos de sua história, purificados do movimento de autocontradição, desprovidos de sua narrativa de apresentação, os conceitos afrontam o entendimento que Lacan tinha do que é um conceito. Em contrapartida, isso bem poderia ser uma definição do programa de formalização dos conceitos, por meio da escrita e da notação lógica, igualmente cultivado por Lacan.

Vejamos então um caso concreto no qual podemos observar a complexidade do estilo expositivo de Lacan, sua retórica oblíqua e a ligação temática com o conceito de estilo: "Mas se o homem se reduzisse a nada ser além do lugar de um retorno de nosso discurso, não nos voltaria a questão para quem lho endereçar?".[9] Colocado em ordem direta, depurado de sua enunciação hipotética, reduzido nas suas torções lógicas, deflacionado dos conceitos e abreviado do caráter retórico da pergunta, o enunciado torna-se equivalente conceitual de: *O homem é o lugar que volta na pergunta feita ao outro.*[10] Como se a definição mesma de ser humano fosse a de um lugar vazio, que se reapresenta a cada vez que colocamos nossas questões ao outro. Como se eu descobrisse, sempre que pergunto ao Outro, o lugar de onde faço essa pergunta. Essa é uma das versões do que Lacan chama de divisão do sujeito. Uma versão alternativa desse mesmo enunciado diria que o sujeito dividido recebe sua própria mensagem, invertida desde o Outro. Nesse caso o estilo é o modo como cada qual lida com o inconsciente. Reciprocamente, o inconsciente pode ser definido como discurso do Outro. Uma leitura desse tipo reduz o estilo ao comentário do conceito, interpreta a consistência de suas variantes no interior da obra e interrompe a circularidade desse processo a partir do corte que pretende aplicar ao objeto. Assim, o estilo se reproduz como um gênero. O objetivo aqui é entender como a complexidade do estilo participa da experiência simbólica de transmissão da psicanálise, tanto na cultura quanto nos tratamentos psicanalíticos.

Por isso quero crer que a posição mais justa nessa matéria consiste em entender que o estilo lacaniano é uma espécie de recurso para nos manter à distância de duas posições de método, igualmente equivocadas: aquela que intui apreender verdade unificante no ensino de Lacan (colocando muito de si) e aquela que argumenta pela soberania do texto lacaniano, o qual se explicita e se decide por ele mesmo (colocando pouco de si). Entre "o meu Lacan" e "o Lacan definitivo" está o estilo. Não só o estilo de quem disse e escreveu, mas também o da recepção e da leitura de quem lê, a quem o texto se destina.

Cada psicanalista se autoriza por si mesmo, forma seu desejo de analista, incorpora a ética da psicanálise, assim como participa do campo, institucional ou parainstitucional, de reconhecimento entre psicanalistas, ao constituir um estilo. Ao estabelecer o estilo como critério, distintivo e formativo, de cada psicanalista, Lacan está refraseando um princípio potencialmente draconiano. Psicanalistas são psicanalistas porque se reconhecem entre si como tais, mas também pela forma como se separam e se diferenciam uns dos outros, e ainda como se dissolvem ou se despossuem de seu "si mesmo".

A fórmula é explosiva e compreende a negação dos dois polos mais típicos de nossas gramáticas modernas de reconhecimento: o polo da comunidade e o polo das instituições. Não é apenas porque alguém pertence a uma instituição, a qual lhe confere reconhecimento social por transferência de autoridade, que será reconhecido legitimamente como psicanalista. Também não é por pertencimento a uma comunidade privada, cujo limite é a própria experiência do tratamento, ou por agrupamentos de afinidade, que teremos um psicanalista.

Chegamos assim à ideia de que estilo é o nome para uma crise, mais ou menos permanente, a respeito da identidade do psicanalista. Não é um atributo, mas uma tarefa para sustentar sua falta-a-ser, como antídoto contra a tentação do excesso de identidade. Estilos são marcas residuais de incerteza e rastros da paixão da ignorância,[11] que devem acompanhar o fazer do psicanalista. São maneiras de suportar e transmitir a insegurança ontológica sobre si, que deve acompanhar a prática.

A explicação conceitual do discurso de Lacan é importante, mas sem um trabalho sobre seu estilo ela se torna inútil ou simplesmente aberta a usos e abusos arbitrários. O estilo de Lacan envolve uma espécie de sedução que pode alienar, nos fazendo imitar aquilo de que não conseguimos nos apropriar, mas também nos separar do que está sendo dito. Entre o comentário e a interpretação situa-se uma terceira posição, que reúne o estilo de Freud ao de Lacan: a atitude de pesquisa. É por meio dela que a psicanálise pode avançar para seu próprio tempo — seja pela atualização de suas questões, seja pelo reconhecimento da mutação histórica das formas de sofrimento que ela trata, seja pelas descobertas que afetam seus conceitos e fundamentos.

Lacan faleceu em 1981 deixando um legado extenso e complexo de discípulos, alunos e projetos institucionais. Quase tudo o que se publicou de sua obra passou antes por exposições orais, intervenções em congressos e jornadas. Seu ensino oral contrasta com a própria declaração de fidelidade ao texto de Freud. Em grande medida, o esforço de cientificidade empregado por Lacan em sua renovação da psicanálise deve-se ao entendimento de que, se esta não puder ter seus conceitos derivados da forma oral narrativa para a forma escrita e formalizada, não sobreviverá como saber capaz de se justificar perante o tribunal da razão moderna. Por outro lado, se a psicanálise conseguir ser transmitida integralmente sem o recurso à fala, terá deixado de ser a psicanálise, tal como surgiu, na forma da *talking cure* (cura pela fala).

Os traços que escolhi para analisar o estilo de Lacan remetem a conceitos fundamentais de seu ensino, tais como palavra, verdade, negatividade e Real. O projeto de encontrar uma dignidade própria ao escrito, como forma de incorporação e superação da lógica dos conceitos em psicanálise, é também um meio de reconhecer as peculiaridades dessa prática em um mundo dominado pela reprodução técnica até mesmo da arte. Contudo, tentar emancipar a psicanálise do sistema de legitimação baseado na oralidade, e no contato pessoal com seus fundadores ou com suas instituições originais, não a transforma em um sistema de textos, que podem ser adquiridos e reproduzidos anonimamente e mecanicamente, ao modo de manuais, como qualquer tecnologia. Um psicanalista se verifica tanto por sua formação quanto pela transmissão da psicanálise.

Imitado por muitos, criticado por outros tantos, o mínimo que podemos dizer é que o estilo que Lacan praticava mobiliza uma espécie de ambiguidade calculada tanto na fala quanto na escrita, tanto na clínica quanto nos discursos que ele inspirou. Em acordo com a ideia de que a psicanálise deveria ser uma espécie de *work in progress* e não um edifício de dogmas e consensos, ele fez de seu ensino um trabalho de difícil decifração.

Se ao final deste livro o leitor compreender por que é impossível ler Lacan sem colocar algo de si nessa leitura, mas também por que é importante buscar o rigor textual e histórico, isso já terá sido um começo.

1. Oralidade

Jacques-Marie Émile Lacan nasceu em 1901, em uma família católica de comerciantes de vinagres recém-chegada a Paris, vindo da mística cidade de Orleans, onde, em 1429, Joana d'Arc derrotou os ingleses, deflagrando a libertação da França do jugo inglês e consagrando a dinastia dos Valois. Era o irmão mais velho de Madeleine, que passa sua vida na Indochina, e de Marc-François, que se torna monge beneditino no sul da França. Lacan estuda no tradicional colégio católico Stanislas, a maior e mais seletiva escola particular francesa, conhecida pela alta exigência nas línguas clássicas e nas matemáticas. Aluno exemplar, sobretudo em grego e latim, engajado na liga antialcoolismo, ingressará na escola de medicina, especializando-se em psiquiatria. O caminho acadêmico é oblíquo, ele cursa letras, quer interromper os estudos, pretende imigrar para fazer trabalho voluntário no Senegal.

Aos 32 anos Lacan está casado com Marie-Louise Blondin, pintora que expôs no Salão dos Independentes de 1928 e 1929. O casal tem três filhos, Thibaud, Caroline e Sybille. Lacan tem uma carreira promissora pela frente, mas nada disso impediu uma crise existencial. A tese de doutorado não é exatamente um sucesso, assim como o casamento. Ele também fracassa no exame de *agrégation* para se tornar professor universitário, e em 1934 começa sua análise com Rudolph Loewenstein, junto com seus estudos em letras, filosofia e a formação em psicanálise.

Na tese Lacan pretendia apresentar uma concepção crítica sobre a personalidade, bem como introduzir o quadro de paranoia de autopunição. Apoia-se tanto nas entrevistas exaustivas com Aimée (Marguerite Anzieu) e seus familiares quanto na análise dos romances escritos por ela. O sentimento de que um destino grandioso a aguardava, a recusa em ser publicada, a ideia de que seu filho estaria em perigo diante de raptores, a sensação de que as ideias expressas em seus livros teriam sido plagiadas e transpostas para o cinema,[1] o ataque à atriz Huguette Duflos, percebida como rival e perseguidora — todas as peregrinações e sofrimentos de Aimée, incluindo o encontro com Lacan na prisão, denotavam um forte desejo de "ser Outra", desejo compatível com o diagnóstico clínico-literário conhecido como bovarismo. Nunca saberemos se o fato de Lacan ter apresentado Aimée aos surrealistas, que a transformaram em uma de suas heroínas, exerceu um efeito de reconhecimento capaz de explicar por que Marguerite Anzieu jamais passou por outro surto paranoico depois disso. Na tese Lacan tenta reunir a psiquiatria alemã com a francesa. Para a primeira as doenças mentais eram verdadeiras doenças porque se instalavam como um corpo estranho ao qual a personalidade reage ou adaptando-se ou conflitando com os sintomas. Para a segunda a personalidade já possuía, de saída e hereditariamente, todas as predisposições psicopatológicas que resultariam na produção de sintomatologias específicas, conforme o encontro com circunstâncias desencadeantes — por exemplo, uma personalidade paranoica poderia criar sintomas de perseguição e autorreferência em momentos de crise vital. Segundo a intuição de Lacan, as duas hipóteses dependem de uma certa coerência e congruência na apresentação dos sintomas, o que pode decorrer tanto de uma causa comum quanto de uma regra de reação. Mas nos dois casos é pela forma dos sintomas, entendidos como uma linguagem dotada de estilo ou personalidade, que o diagnóstico pode ser feito. O estilo se tornaria assim o modo próprio como cada um experimenta sua loucura.

Lacan encontrou-se com James Joyce aos dezessete anos, na livraria Monnier, e assistiu à primeira leitura pública de *Ulysses* na livraria Shakespeare and Co.[2] Ele já conhecia Breton e Soupault antes de 1932, quando teve sua tese resenhada e elogiada por Salvador Dalí. Como apêndice à tese, publicará um pequeno artigo sobre a paranoia como estilo.[3] Nele fica claro que o estilo é uma categoria estética capaz de articular personalidade e patologia: envolve tanto uma concepção de mundo quanto uma sintaxe original, que se desvia coercitivamente como uma anomalia. A noção carrega tanto uma posição sobre valores simbólicos e normativos da história da arte quanto sua subversão. Daí que a mística, o barroco e o surrealismo possam ser entendidos tanto como uma forma de vida, definido por imagens típicas, quanto como um movimento artístico articulado por uma linguagem própria e ainda por um estranhamento Real.

O período entreguerras parece ter exercido um efeito transformador sobre Lacan, marcado pela declaração de que nele "nada publiquei". Em sua transição da psiquiatria para a psicanálise Lacan convive com os surrealistas e estuda línguas orientais, especialmente o chinês. Frequenta a Sociedade

Francesa de Filosofia, dirigida por André Lalande, assim como toma parte no Colégio de Sociologia, organizado por Georges Bataille (cuja mulher, Sylvia, atriz de cinema, acaba se tornando sua amante, depois sua segunda esposa).

Durante meio século Lacan viveu intensamente a vida intelectual parisiense. Passou por duas guerras, dois casamentos, duas profissões, foi excluído de duas associações psicanalíticas e tornou-se um intelectual mundialmente conhecido depois da publicação dos seus *Escritos*, em 1966. Nos caminhos psiquiátricos percorridos como legista, perito auxiliar na chefatura de polícia e médico interno em hospitais como Sainte-Anne, é importante destacar sua preocupação com o diagnóstico, que o levou a um breve estágio no hospital suíço do Burghölzli, até pouco antes dirigido por Bleuler, onde Jung e Binswanger trabalhavam.

Lacan segue a pista de Paul Guiraud sobre as esquizografias e a intuição de Jules Séglas[4] sobre o desencadeamento dos transtornos psicopatológicos. O diagnóstico poderia ser inferido a partir de alterações de linguagem deduzidas da fragmentação da escrita, incluindo dislogias (perturbação da relação entre pensamento e linguagem), disfasias (a função da fala nas alucinações verbais), dislalias (disfunções da estrutura dialogal da fala) e as disgrafias (perturbações da escrita). Lacan se interessa pela grafologia e pelos recentes achados da neurologia que indicavam que alterações cerebrais e de personalidade podiam ser inferidas de padrões sutis da atividade motora. A análise da escrita e da produção gráfica dos pacientes seguia ainda a tradição da escola da Salpêtrière, onde Freud estagiou com Charcot entre 1885 e 1886. Para ela a entrada da psiquiatria no campo das ciências médicas dependia do estabelecimento de um suporte material claro, publicamente acessível, sobre a causalidade dos sintomas. Descrições detalhadas, com recurso a pintura e fotografia, convidaram Lacan a entender que os delírios psicóticos e demais sintomas podiam ser definidos por sua forma estética.[5] Ele não escreveu casos clínicos, como Freud, mas dedicou-se sistematicamente ao material literário, em particular às autobiografias, para demonstrar suas intuições clínicas: Edgar Allan Poe para definir as relações entre sujeito e estrutura,[6] André Gide para falar da fixação,[7] Marquês de Sade para abordar as perversões,[8] Wedekind para tematizar a adolescência,[9] Marguerite Duras para explorar a angústia,[10] James Joyce para pensar as relações entre Real, Simbólico e Imaginário.[11]

Os seminários públicos de Lacan foram inicialmente realizados para uma dezena de pessoas em sua casa na rua de Lille (em 1951), depois na capela do Hospital de Sainte-Anne (1953-63), em seguida na Escola Normal Superior (1964-9), a convite de Louis Althusser, e finalmente na Escola de Direito do Panthéon (1969-77), onde seu público chegava a centenas de ouvintes. O último curso de Lacan consistiu em apenas uma aula, realizada em 12 de julho de 1980, em Caracas, Venezuela. Durante todo esse tempo, Lacan manteve a prática semanal da apresentação de pacientes, no Hospital de Sainte-Anne e depois no Hospital Henri Rousselle. Suas viagens e conferências internacionais tornaram-se mais frequentes depois do sucesso dos *Escritos*: Roma (1953, 1963 e 1973), Louvain, Estrasburgo, Japão (1963 e 1971), Estados Unidos e México (1966 e 1975).

Segundo o relato da estenógrafa de Lacan, o seminário estava envolto em uma atmosfera de empurra-empurra, rebuliço e fumaça. "O Mestre chega, sobe no palco e começa a falar; um silêncio místico se instala — escuta-se apenas o ruído nervoso das esferográficas e os cliques aflitos dos gravadores."¹² As pessoas imitavam seu jeito de se vestir, suas expressões, seu charuto retorcido. A atração parecia derivar de seus paradoxos chocantes, suas demonstrações eruditas no "estilo que conhecemos".¹³ Suas ambiguidades permitiam que "cada um, por si, seguisse suas associações numa liberdade de pensar cada vez maior",¹⁴ ou seja, para os mil alunos da Escola Freudiana de Paris, a relação de alienação ou liberdade permanecia um risco tenso na recepção de seu ensino.

Lacan nunca foi um professor universitário, nem neuropsiquiatra praticante, mas uma mistura entre pesquisador e dândi.¹⁵ É preciso notar que na tradição literária francesa o título escolhido para seu livro principal, *Écrits* (Escritos), indica que seu autor justamente não é um escritor profissional.¹⁶ *Ele mesmo* não se reconhecia como um escritor, mas como alguém imerso na transmissão oral, de uma prática oral, como a psicanálise. Seu estilo tensiona a oralidade com a máxima reverência ao estatuto da literatura e da escrita, a ponto de tornar a escrita e a letra conceitos da psicanálise. Para Lacan, psicanalisar é tanto escutar quanto ler, tanto compreender como equivocar. Os acréscimos, intrusões e rasuras introduzidos por ele nas versões anteriores dos textos organizados por Jean Wahl são mais uma evidência de sua indisposição com a escrita: "Eu não os escrevi [os *Escritos*] para que as pessoas compreendessem, eu os escrevi para que as pessoas lessem. O que não é nem remotamente a mesma coisa. [...] O que eu notei, no entanto, é que, mesmo se as pessoas não compreendem meus *Écrits*, esse último faz coisas a elas".¹⁷

Os *Escritos* resultam em um discurso heterogêneo, tanto pela extensão do período de escrita, entre 1936 e 1966, quanto pelo fato de que os artigos são provenientes de situações distintas de produção: palestras, artigos, intervenções, falas de ocasião para psicanalistas, mas também para estudantes e até mesmo para o público leigo. Neles noções complexas são desdobradas em provérbios, parábolas e ditos populares. Há muitas referências a autores, vários deles obscuros, mas quase nenhum texto contém bibliografia, referências ou citações. Diversos conceitos são derivados de saberes e disciplinas a princípio distantes da psicanálise, mas o procedimento interdiscursivo é feito sem mediação ou piedade pelo leitor.

Geralmente, quando falamos, nosso estilo é mais leve e generoso, no entanto os discursos de Lacan pareciam-se com um texto escrito, fenômeno que se agrava pelo fato de grande parte de seus artigos compilados nos *Escritos* consistir na redação retrospectiva, ao modo de resumos ou sínteses, de suas aulas ou seminários orais. Uma inspeção rápida e não exaustiva dos seus trabalhos reunidos[18] nos *Primeiros escritos* (publicados em 2023), nos *Escritos* (em 1966), nos *Outros escritos* (em 2001) e nos *Seminários*, dos quais em 2025 restam sete ainda por ter o texto estabelecido, nos levaria a um total de 27 seminários pronunciados oralmente,[19] quatro produções conexas aos seminários,[20] quinze informes, relatórios e comunicações orais em congressos divulgados posteriormente em revistas de psicanálise,[21] seis intervenções orais em congressos de psiquiatria,[22] cinco artigos lançados originalmente em revistas de psiquiatria,[23] onze resumos de aulas dos Seminários,[24] nove artigos em revistas de arte ou literatura,[25] sete intervenções orais republicadas em revistas de filosofia,[26] doze notas, prefácios ou apresentações,[27] dois verbetes de enciclopédia,[28] seis intervenções e textos institucionais,[29] três entrevistas para rádio, jornal e televisão,[30] seis textos publicados anonimamente[31] e duas traduções.[32]

Observemos que contando todos os 27 seminários, mesmo se compostos de apenas uma aula, e as quatro produções conexas aos seminários, são todas, originariamente, intervenções orais. Excetuando-se a tese de 1932,[33] os dois verbetes de enciclopédia, os prefácios e notas, bem como os artigos psiquiátricos,[34] e considerando um total de 119 trabalhos, temos apenas onze textos propriamente pensados para o leitor, em forma escrita, sem que antes existisse alguma versão oral preliminar. Observe-se ainda que uma parte expressiva do material publicado primariamente no registro escrito ocorre em revistas de filosofia, arte ou enciclopédias. É possível que esse conjunto heterogêneo de produções tenha sido caracterizado pelo próprio Lacan como um ensino e não como uma obra, justamente pela raridade da opção pela forma escrita.

Por isso também parte essencial do problema da transmissão e do estilo de Lacan consiste em passar a produção oral dos seminários, registrada in loco em estenografias e gravações, para o formato de um livro. Há várias maneiras de fazê-lo e, para começar, existem diferentes versões dos mesmos seminários. Duas das mais populares são a versão da Associação Lacaniana Internacional, conhecida como *Pas-tout Lacan*,[35] e o projeto *Staferla*,[36] que compara várias versões disponíveis de gravações e estenografias e emprega uma série de recursos diferenciados de diagramação, como espaçamentos para traduzir silêncios mais longos, tipografias distintas para o volume da voz, itálico para marcar prosódia ou ironia, alteração de cor de letra para comentários.

A proposta de estabelecimento dos seminários levada a cabo por Jacques-Alain Miller toma por base a versão das estenografias que pareceu a melhor para Lacan. (Este ofereceu ao genro a coautoria nos livros dos seminários, o que ele recusou, ainda que para efeito editorial atue como uma espécie de coautor das obras.) Publicada pela Seuil — e de onde procede a versão brasileira publicada pela Zahar —, a edição de Miller tem diferenças expressivas em relação à da Staferla e à da Associação Lacaniana Internacional. Há parágrafos e termos ausentes de parte a parte. Isso parece decorrer da maneira como Miller decidiu tratar a dimensão oral do ensino de Lacan a partir de quatro teses problemáticas que regem seu trabalho de estabelecimento do texto:

1. "[É preciso] se colocar numa posição tal que eu possa escrever *eu* [*je*], e que este *eu* seja aquele de Lacan."
2. "Lacan disse uma vez [...] que eu colocava seu seminário em *meu* próprio francês, e que isso lhe convinha."
3. "Eu considero que *restituo* o sentido, quando os meandros da expressão oral o obliteram."
4. "A transcrição de um texto oral multiplica os traços que, apesar da fratura da pontuação escrita, são os índices da continuidade."[37]

É certo que transcrever, coligir e estabelecer os seminários oralmente realizados supõe tomar partido sobre o que é o ensino de Lacan. Mas Miller deixa claro que essa tarefa foi feita de modo a impactar o estilo, atualizando a língua empregada, preenchendo lacunas e ambiguidades próprias da oralidade, restituindo o sentido ao texto. Retomando a definição preliminar e acumulativa de estilo em Lacan que apresentei na Introdução, se o estilo de Lacan é Lacan ele mesmo, este deve ser corrigido para o estilo de Lacan-Miller; se o estilo de Lacan é o Outro a quem ele se dirige, caberá a cada língua, cada cultura e cada tempo estabelecer o estilo de Lacan segundo suas circunstâncias de recepção; se o estilo é o objeto, esse objeto deve ser pensado como textualmente indeterminado na conversão ao estatuto de obra; finalmente, se o estilo é o corte, este será definido por nossa capacidade de separação e crítica em relação ao seu ensino.

Ora, isso corrobora ainda mais a hipótese sobre a força da oralidade no ensino de Lacan, pois é bastante comum que na passagem do oral para o escrito surjam autorias coletivas ou indeterminadas. A escrita cria um recuo que a oralidade não tem. Ela limpa contingências, produz generalizações ou especifica contextos e destinatários. Nisso separam-se circunstâncias políticas passageiras, crônicas locais e eventos cotidianos. Quando se trata de obra o autor possui soberania para remanejar, rever e alterar versões preliminares antes da publicação. Contudo, será que essa mesma prerrogativa se aplica ao ensino, ou seria melhor dizer que cada qual transforma ensino em obra segundo as propriedades de seu estilo?

Compreender a revolução psicanalítica trazida por Lacan envolve, especialmente para o leitor brasileiro, grande esforço de contextualização e reconstrução de referências. Trabalho necessário para entender, criticar e ponderar uma série de "francesismos" — ligados não só à cena intelectual parisiense dos anos 1960, mas também às injunções clínicas, teóricas e éticas inerentes aos modelos de transmissão da psicanálise da segunda metade do século XX, sem falar nas perspectivas de classe e gênero que recaem sobre o discurso de alguém formado na elite intelectual francesa.

A linguagem como território inconsciente

O percurso de Lacan pode ser descrito como uma série de aprofundamentos, segmentações e desdobramentos realizados sobre a noção básica e primitiva de palavra. Nisso ele partiu da fenomenologia da prática analítica que consiste em um conjunto de encontros definidos pela associação livre do paciente e pela atenção equiflutuante do psicanalista. Portanto, tudo começa na e depende da palavra. A ela devem ser dados todos os poderes. Contudo, a própria palavra para designar palavra em francês não é única, pois existem *parole* (palavra falada) e *mot* (palavra no dicionário). Além disso existem a palavra falada e a palavra escrita, que são ambas, a seu modo, tipos de signo. Percebe-se assim que, quando Lacan afirma que "o inconsciente se estrutura como uma linguagem", ele mobiliza indiretamente um vasto conjunto de diferenças conceituais, por exemplo: fonema e palavra, palavra vazia e palavra plena, fala e língua, língua e discurso, o que se diz (enunciado) e a forma como se diz (enunciação), escrita e oralidade, uso prosaico e uso literário.

A linguagem, entendida como um sistema de *signos*, divide-se entre *língua*, o conjunto de regras e relações abstratas entre signos, e *fala*, o modo como cada um assume a língua *à sua própria maneira*. O signo é composto de duas superfícies:

significante e significado. O significante compreende uma primeira articulação entre imagens acústicas — que são organizadas pela oposição entre os fonemas dotados de valor (significância) para cada língua mas desprovidos de significação em si mesmos, por exemplo o contraste entre "p" e "b" no português — e uma segunda articulação abrangendo o enunciado (o dito) e a enunciação (o lugar de onde se diz). Combinando a relação entre *significantes* e os efeitos de *significado*, localizam-se conjuntos segmentados de sentido, que chamamos de significação.

Mas a ênfase na diferença entre fonemas, significantes e significados, própria do método estruturalista de apreensão da linguagem, será sempre contrastada com a forma como a literatura usa a linguagem. A literatura, como combinação entre *litura* (pedra) e *terre* (terra), acontece como uma *lituraterre*,[38] invenção lacaniana formulada por ocasião de uma de suas visitas ao Oriente. Em vez da língua que paira nos céus e da fala que anda efêmera sobre a terra, Lacan pensa a linguagem na literatura como uma nuvem em que a densidade do ar transforma o vapor em água. O significante não apenas se diferencia do significado, mas se choca com o significado, produzindo o raio que ilumina a escuridão e o trovão que acorda. A chuva cai sobre as encostas montanhosas criando erosões, rasgos na terra, formando rios ao sopé das montanhas, com aluviões formando curvas, tais como a tradição histórica do livro e suas acumulações de saber. A água desce pelo abismo, estabelecendo contornos e caminhos que são como cortes entre saber e verdade. Temos aqui uma imagem-modelo que relaciona fala e língua, verdade e saber, acontecimento e história, linguística e literatura.

A distinção entre fala e língua, assim como a separação entre significante e significado, é de natureza formal, mas existem diferenças qualitativas internas ao plano do signo, conforme se o considere como imagem, palavra ou pensamento. Quando fazemos a *tradução* de um signo, de uma língua para outra o significante muda, mas o significado se mantém. Quando passamos do signo oral para o escrito, processo chamado de *transcrição*, mantemos o significante, ainda que a significação original seja deflacionada em vários aspectos da enunciação, como o tom de voz, as ênfases e pausas ou a gestualidade. Quando passamos de um sistema de escrita para outro sistema de escrita — uma *transliteração* —, alteramos o suporte de escrita do signo, criando processos de leitura que variam substancialmente nas línguas glossemáticas (nas quais a escrita equivale à fala, como no inglês e no português) e nas não glossemáticas (em que a escrita independe da fala, como no mandarim e no coreano).[39]

"A instância da letra no inconsciente ou A razão desde Freud"[40] é uma importante conferência pronunciada por Lacan a estudantes de letras em 1957. Seu título pode indicar separação, tensão ou oposição alternante entre a razão e a razão depois de Freud. O francês *instance* (assim como o português "instância") tanto indica uma solicitação viva e apressada, por exemplo uma demanda jurídica de urgência ou convocação, quanto pode se referir a regiões do psiquismo, zonas geográficas ou fiscais e níveis de uma instituição ou processo. Há uma definição linguística de instância proposta por Émile Benveniste, autor que Lacan leu e empregou em suas primeiras incursões pelo estatuto dialético da linguagem. Segundo tal definição, instância de discurso compreende "os atos discretos e a cada vez únicos pelos quais a língua é atualizada em palavras por um locutor".⁴¹

Quando Lacan afirma que o inconsciente se estrutura como uma linguagem, isso implica que o inconsciente é tanto uma estrutura de língua (metáfora e metonímia, sincronia e diacronia) quanto uma estrutura de fala (pela qual o sujeito recebe sua própria mensagem invertida desde o Outro). Portanto, instância pode ser o *lugar* da letra no inconsciente e também uma forma de *temporalidade* de instanciação, desde que se mantenha entre esses dois sistemas, cada qual contendo uma relação reversa entre Simbólico e Imaginário, além de um intervalo para o Real. Instanciação é uma prática típica da linguagem oral, que acentua a função performativa da linguagem em detrimento do uso constatativo ou descritivo.⁴² Instanciar é semelhante a interpelar, ou seja, convocar, chamar.

Em *lettre* temos uma multiplicidade semelhante. *Lettre* pode significar tanto carta quanto letra, além de ser homófona de *l'être* (o ser). O termo pode aparecer ainda em expressões como *belles-lettres*, para designar as belas-letras, ou seja, a literatura, e *homme des lettres*, ou seja, homem letrado, culto ou bem educado.⁴³ A expressão *avant la lettre* diz-se do que existe antes mesmo de existir o próprio termo que o define (por exemplo, um vanguardista *avant la lettre* já era um vanguardista antes de existir a palavra "vanguardista"). Lacan joga com o sentido de *lettre* desde o seu texto inaugural sobre *O seminário da carta roubada*, em que comenta o conto homônimo de Edgar Allan Poe. Ali a carta é ao mesmo tempo carta roubada (*lettre volée*), carta em espera/não retirada (*lettre en souffrance*, literalmente carta em sofrimento), e carta do ser (*l'être*). Disso se extrai que o inconsciente estruturado como linguagem não se refere à linguagem apenas como sistema de signos verbais, de fala e escrita, mas também como movimento entre língua e conceito, como suporte do sofrimento e ainda como morada ou envio do ser, na acepção heideggeriana do termo.

Ora, todas essas propriedades da linguagem foram trazidas por Lacan para a psicanálise, mas ele não desconhece que tanto na clínica quanto na fundamentação teórica lidamos também com conceitos, termos e noções, tais como: signo, significante, significado, significação. Lacan introduziu muitos conceitos novos em psicanálise a partir do método da elipse e da deformação da palavra à qual o conceito remete. Ele também elevou a conceitos dotados de alta dignidade metapsicológica termos que Freud empregou sem especial destaque. Por exemplo, a palavra *Verwerfung* aparece poucas vezes no texto de Freud, mas ainda assim Lacan mobilizou um novo estatuto ao traduzi-la como um tipo de negação, que em francês recebe o nome de *forclusion*, foraclusão, e ao fixá-la, conceitualmente, como processo específico do desencadeamento psicótico.

Lacan percebeu, de modo trivial, que um conceito não deve ser identificado com o significante que o nomeia. Isso não impede que vários conceitos convivam com usos ordinários na língua corrente. Tudo se passa como se tal procedimento diminuísse o campo de significação intensional do conceito,[44] trazendo ganhos de rigor e diferenciação, até o limite em que o termo que representa o conceito refira-se apenas a si mesmo. Ao mesmo tempo tal método aumenta a força extensional do conceito, parasitando contextos de aplicação, bem como assimilando poéticas e pragmáticas de uso. Inversamente, a indeterminação do conceito permite que ele se transforme, permanecendo o mesmo. Termos que funcionam em um discurso como parte de argumentos ou inferências lógicas adquirem outros sentidos nocionais quando deslocados para discursos diversos. Lacan procedeu a inúmeras importações de conceitos desse tipo, trazendo noções da matemática, da física e da biologia para a psicanálise.

O crucial aqui é que ele parece desenvolver uma crítica do conceito de conceito, a partir da valorização da dialética entre conceito e significante. Boa parte dessa crítica joga com equivocações da língua falada, mostrando como os conceitos, ao tentarem superar a temporalidade viva da língua, acabam perdendo sua essência. A procura por um conceito de conceito não categorial, não representacional e não circunscrito à sua definição sugere que esse deve ser ao mesmo tempo um conceito que se inscreva no âmbito da temporalidade na fala e na escrita. Mas, em vez de definir uma essência ou significado fixo, tal conceito deve ser compreendido e testado por seu uso e por sua pragmática. Ele não deve mais ser entendido como um círculo (extensão de casos) com um ponto central (essência), mas como elipse, que envolve a aproximação e o distanciamento gradual dos dois focos que compõem a elipse.

Um conceito-elipse depende de outras elipses para firmar constelações efêmeras de sentido. É por isso que, por mais que se repitam fórmulas e aforismos, a experiência do matema[45] não prescinde do poema. Assim como não são todas as estratégias de formalização que admitem notações pelo matema, não são todas as "obscuridades" que devem ser atribuídas ao estilo. Muito do que permanece errático e incompreensível em Lacan pertence tão somente ao campo do não realizado e do conceito não demonstrado pela prova da escrita.

No contexto da tensão entre significante e conceito, Lacan encontrou um caso de exceção. Um tipo de significante com propriedades especiais envolvendo os nomes próprios e mais genericamente a função social da classificação, e que estaria na raiz antropológica da formação de conceitos. Nomes próprios não são passíveis de tradução, como fazemos quando passamos palavras de uma língua para outra. Eles também não formam conceitos, nem estão na origem de conceitos paradoxais. Ademais, na língua oral os nomes próprios operam como intrusão do sistema de escrita.

Essa teria sido a pista que levou Lacan a recorrer sistematicamente a um terceiro termo, fosse a lógica — de Aristóteles a Gödel —, a poesia — dos clássicos a Paul Éluard — ou os sistemas de escrita não glossemáticos, como o chinês e o japonês. Os matemas de Lacan são formas de escrever conceitos para estabilizar seu uso e ao mesmo tempo fixar seu suporte de linguagem. O sujeito barrado ($), o fantasma ($◊a), o significante-mestre (S1) ou o gozo não-todo ($\overline{\forall x}.\Phi x$) reaparecem em diferentes modelos propostos para definir a estrutura da fala, o grafo do desejo, os quatro discursos, as fórmulas da sexuação.[46] Resulta disso que o ensino lacaniano está impulsionado simultaneamente por uma ambiguidade, poética e neológica, induzida nos conceitos pelo seu uso significante e por um programa metódico de desambiguação dos conceitos pela formalização lógica.

A tensão interna entre escrita lógica e escrita literária marcará fortemente os últimos desenvolvimentos de Lacan. Entre 1975 e 1980 ele se dedica tanto ao estudo de James Joyce quanto a um novo tipo de escrita lógica baseada em nós borromeanos. A intrusão da oralidade na escrita agora é substituída pelos movimentos do corpo e das mãos para fazer e desfazer nós.

Como processo empírico, os nós estão sujeitos a erros de construção, e tais erros correspondem a figuras psicopatológicas como o sintoma, a inibição e a angústia. E o modelo literário dessa escrita será representado por James Joyce. Sua escrita está repleta de epifanias, de mistura entre palavras de várias línguas, intrusões do fluxo oral da consciência, variações abruptas de gêneros e estilos. Para Lacan, a relação de Joyce com sua escrita e com sua obra teria impedido que ele enlouquecesse. Nesse momento Lacan passa a ser contaminado pelo estilo de Joyce, particularmente quando se trata de jogos fonéticos e neologismos criados a partir da intrusão mútua entre língua falada e língua escrita — por exemplo termos como *hommoinzin* (ao menos um), *lom* (literalização de *l'homme*, o homem) e *hissecroibeau*, interpolação neológica para designar alguém que "se crê belo" (*il se croit beau*), que chegou ao português como *escabelo*. O resultado é um texto no qual oralidade e escritura, significante e letra, conceito e nome se cruzam, como nesta passagem em que Lacan comenta a paráfrase que Joyce faz de Hamlet:

> Joyce se reconhece o filho necessário, o que não cessa de se escrever pelo fato de que ele se conceba, sem que no entanto helessecreiabelo [*hissecroibeau*], a partir da historiazinha de Hamlet, histericizada em seu Santo-Padre Cornuto [*Cocu*], envenenado pelo ouvido zeugma e por seu sintoma de mulher, sem que possa fazer outra coisa senão matar em Claudius o escaptoma [*escaptôme*], para dar lugar ao substituto, que abraça com força (pel) a paiternaridade [*père-ternité*].[47]

Estamos aqui novamente diante de uma dessas frases impossíveis de Lacan. Traduzindo-a, temos: há uma necessidade discursiva para Joyce de escrever de forma a confirmar sua condição de filho desse pai (alcoólatra, perdulário, violento e inconsequente). Ademais se trataria de um filho admirável que "se acha bonito" (*hissecroibeau*), por meio de uma identificação com Hamlet, que evita olhar (*escotomizar*), faz um sintoma (*simpthome*) histérico (*escaptôme*) e, tal qual são Tomás de Aquino (*St. Thome/simpthome*), unifica a trindade formada por Pai, Filho e Espírito Santo (*paiternaridade*). Tudo isso ocorre sob um imperativo ou imposição subjetiva que aparece no texto para designar a obrigação de escrita em Joyce: "não cessa de escrever".

Por um procedimento típico de escansão significante para indução conceitual, Lacan reparte o termo *necessaire* (necessário) em *ne* (não) e *cesse* (cessa), resultando em "não cessa". A noção de necessidade remete às necessidades biológicas que se traduzem em demandas, por meio de significantes, em formas de gozo, por meio de discursos, ou em identificações, por meio de traços. O significante *necessidade* também aparece na lógica, referido a operadores modais: (possível/impossível), (necessário/contingente). Do cruzamento dessas duas acepções Lacan extrai a ideia de que as demandas se estruturam em uma gramática modal. Essa gramática determina modos de escrita do gozo: *não cessa de se escrever* (necessário), *cessa de se escrever* (possível), *cessa de não se escrever* (contingente) e *não cessa de não se escrever* (impossível).

A tese de Lacan de que o inconsciente se estrutura como uma linguagem deve ser lida em todos os níveis compreendidos pela ideia genérica de linguagem: língua e fala, discurso e escrita, enunciado e enunciação, traços e letras, signo e imagem gráfica. No nível mais simples e elementar, uma linguagem é composta de signos, ou seja, um suporte material (escrito, sonoro, acústico, imagético) que representa algo para alguém. Um signo comporta uma superfície significante, entendida como imagem acústica da palavra, e uma superfície de significado, em que registramos o conceito. Os significantes se articulam por relações de significância (poética) e valor (fonemático), ao passo que os conceitos se articulam pelas propriedades de sentido (*Sinn*) e significação (*Bedeutung*).

Lacan considera também que a linguagem não deve ser abordada apenas por suas características linguísticas. Ela compreende ainda usos codificados, como a literatura e a mitologia, e usos especificamente interessados no conhecimento, como é o caso da lógica e da epistemologia. Além disso e de forma mais genérica, a linguagem pode ser estudada como campo de relação com a produção do mundo, como na filosofia e na ontologia. Para indicar aquilo a que o signo se refere, na linguística e na semiologia costuma-se encontrar a expressão *referente* ou *objeto*; na abordagem literária, frequentemente emprega-se a noção de *realidade social* para contrastar *realidade diegética*, *realidade ficcional* e *realidade histórica*; na perspectiva da epistemologia da lógica, costuma-se falar em *referência*, *mundo possível* ou *semântica*, a partir do que se pode avaliar uma proposição ou a efetividade de um conceito como verdadeiro ou falso; finalmente, no léxico das ontologias costumamos encontrar as noções de *real*, *existência*, *coisa* ou *mundo*. Observando como Lacan mobiliza as ideias de objeto, verdade, conceito e real, percebemos como seu uso da noção de linguagem é extenso e variado. Tal variedade pode ser atestada por algumas de suas teses mais conhecidas:

1. A palavra é a morte da coisa.
2. O conceito de psicanalista remonta a sua falta-a-ser.
3. Não há universal que não contenha uma existência que o negue.
4. O Real é o impossível que retorna sempre ao mesmo lugar.[48]

Três afirmações, do início, do meio e do final do ensino de Lacan, sintetizam esse recurso constante a uma negatividade que incide sobre o ser do sujeito, sobre o trabalho da linguagem e sobre as relações fundantes entre desejo, angústia e gozo. Linguagem significante, pensamento conceitual e escrita lógica não ocorrem no espaço desprovido de ser, ausente de referência ou carente de mundo, mas em uma persistência do ser em falta, da substância ausente e do mundo em contradição.

Essa luta entre ambiguação e desambiguação, entre determinação e indeterminação, entre escrita e equivocação parece ocupar um papel formativo na história da própria língua francesa. Lembremos que até o século XVI a França era um território multilinguístico dividido entre muitos idioletos locais, línguas estrangeiras e o latim falado pelas elites. Está na origem do francês moderno o uso da elipse, da negação incisa, bem como o relativo desgarramento entre a língua falada e a língua escrita, como se verifica na leitura da terminação de palavras e dos encontros vocálicos. Isso pode ser atribuído ao esforço de reinterpretação dos códigos jurídicos e literários herdados do Império Romano e depois carolíngio. Também remete à emergência institucional da retórica universitária, que se unifica em torno da filosofia, do direito e da medicina e do questionamento dos poderes reais e das querelas religiosas, que acontece no contexto político do século XVI. Uma época marcada pela aparição de gêneros literários voltados para a laicidade, como a fábula moral (Perrault), o teatro clássico (Racine) e o ensaio (Montaigne). O esforço de fixação da língua ocorre sobre o fundo de estabilização da monarquia absolutista.[49]

Dentro desse esforço duas atitudes debatiam-se, incorporando o espírito de renovação epistemológica e literária, no qual a relação entre pensamento, linguagem e lógica misturava-se com o problema da unificação da cultura. De um lado estava a valorização da ambiguidade, defendida pelos jansenistas, como Pascal; do outro, o espírito de desambiguação dos jesuítas, representado por Descartes. Os jansenistas se preocuparam em formalizar uma gramática geral, conhecida como gramática de Port-Royal, de modo a mostrar como a linguagem condiciona o pensamento. Para os jesuítas, ao contrário, tratava-se de fazer o pensamento dominar a linguagem, como se vê nos *Exercícios espirituais* de Inácio de Loyola. Descartes procura um método para bem conduzir o espírito na direção do conhecimento, chegando à evidência inicial do cogito. Pascal argumenta pela existência de pelo menos dois métodos, um deles caraterizado pelo espírito geométrico e o outro pelo espírito de finura; conhecer, segundo o espírito de finura, envolve inversões entre o pró e o contra (*renversement du pour au contre*) em torno de uma afirmação admitida como provável. Ao passo que para Descartes a forma geral esperada para o conhecimento remonta à relação segura entre álgebra e geometria expressa pela língua universal da razão, chamada matemática. Se para Descartes a ordem das razões deve se impor à ordem das matérias, se as ideias claras e distintas são critérios para evidências indubitáveis, para Pascal o "silêncio desses espaços infinitos me apavora".

Assim como Descartes, Pascal desenvolve um esforço de fundamentação matemática dos saberes, mas em vez da intuição dedutiva ele trabalha com as ideias de indução, série e aposta. Tanto as *Meditações* de Descartes quanto os *Pensamentos* de Pascal guardam um traço comum já anunciado nos *Ensaios* de Montaigne, ou seja, a aproximação com a expressão oral. Descartes escreve em francês, em primeira pessoa, envolvendo seu leitor como interlocutor e testemunha de sua aventura espiritual. Pascal escreve por meio de dísticos, máximas e aforismos, que buscam a proximidade com o leitor, facilitando a memorização e a iluminação, ao mesmo tempo que mantém a obscuridade e introspecção. Se Pascal antecipa a dialética lacaniana entre saber e verdade, Descartes fornece a chave para a ideia de um sujeito evanescente, preso ao tempo de sua enunciação, cujo cogito só é verdadeiro *enquanto eu o bem enuncio em meu espírito*. Lacan se apoia em Descartes para deduzir das negações do *Penso, logo existo* a estrutura do ato analítico,[50] mas ele também se apoia em Pascal, para inferir as leis genéricas do gozo no fantasma[51] como proporção áurea entre sujeito dividido e objeto *a* causa de desejo. Portanto, na estilística lacaniana convivem a pretensão de universalidade da escrita lógico-matemática e a escrita barroca, que deixa em cada frase um resto de incompreensão e dúvida. Proposições, fórmulas e aforismos são repetidos, ao lado de digressões poéticas.

Nessa mistura do labirinto sintático da língua com a sentença que se fixa na memória como máxima moral,⁵² Lacan está reverberando problemas históricos de formação da própria língua francesa.

Assim também, ao estudar com o psicanalista e linguista Édouard Pichon, nos anos 1930, Lacan percebe que um dos elementos decisivos na formação do francês é a maneira como ele comporta diferentes tipos de negação. Damourette e Pichon, tio e sobrinho, concluíram em 1946 os sete volumes da mais extensa e pormenorizada gramática conhecida, em qualquer língua.⁵³ Um dos motivos para tal extensão é que ela é um trabalho de linguística, mas ao mesmo tempo também de filosofia da linguagem, psicologia e literatura, ou seja, uma gramática que pretende elucidar como passamos "da palavra ao pensamento". Nela encontramos uma primeira aproximação entre o inconsciente e a utilização estética da língua a partir do fenômeno da sissemia homofônica, ou seja, da tendência a que duas palavras homófonas criem uma ideia, por exemplo *raisonner* (raciocinar) e *résonner* (ressoar) nos levam ao "raciocinar por ressonância".⁵⁴ Importa notar que Pichon leu Freud antes de redigir sua gramática, de maneira que o próprio empreendimento de pensar de forma total e histórica a língua francesa encontrava-se atravessado pela psicanálise. Dentre as peculiaridades da língua francesa está o fato de que a negação é composta de duas partes, o *ne*, que antecede o verbo a ser negado, e as partículas *pas, rien, jamais*, entre outras, que se colocam após o verbo. Não existe, pois, negação real, mas combinação entre negação de discordância (*ne*) e negação foraclusiva (*pas, rien, jamais*).⁵⁵ Contudo, há dois empregos diferentes do *ne* em francês: o *ne* conjugado, como em *Je n'ai qu'un frére* (Não tenho mais que um irmão), e o *ne* expletivo de discordância, quando há uma contrariedade entre a oração subordinada e o fato central da frase, como em *Je crains qu'il ne vienne*, lido da seguinte maneira por Lacan:

> Alguma coisa no meu temor se antecipa ao fato de que ele venha desejando que ele não venha, poder-se-ia de outra forma articular este "Eu temo que ele venha" (*Je crains qu'il vienne*) como um "Eu temo que ele não venha" (*Je crains qu'il ne vienne*) enganchando no caminho, ao passar, se assim posso dizer, esse *ne* de "discordância" que se distingue como tal na negação do *ne* forclusivo (*forclusif*).[56]

Temos então quatro incidências diferentes da negação em francês, que Lacan traz para organizar os diferentes regimes de negação empregados por Freud:

1. Negação no enunciado como afirmação na enunciação (denegação), por exemplo quando digo que naquele sonho "Não é minha mãe" e podemos ler "É a minha mãe".
2. Negação como combinação entre discordância da enunciação e a foraclusão (negação mais forte) do enunciado. Nesse caso podemos ter uma negação que compreende uma afirmação anterior (recalcamento neurótico ou recusa perversa) ou uma negação mais forte, que ocorre na ausência de uma afirmação (*Bejahung*) anterior (foraclusão psicótica).
3. Negação como excepcionalidade da existência universal, por exemplo: em vez de "Tenho um irmão" digo "Não tenho mais que um irmão", ou em vez de dizer que "A angústia tem um objeto" digo que "A angústia não é sem objeto".

4. Negação como discordância entre a enunciação do desejo (oração subordinada) e a impossibilidade ou improbabilidade irredutível expressa pelo enunciado do acontecimento (oração principal).

O uso inveterado das formas mais complexas de negação será tanto parte do estilo quanto tema de investigação em Lacan. Afinal a invenção da psicanálise podia ser pensada a partir da extensão de seus conceitos negativos, marcados pelos radicais alemães *un-* e *ver-* — *Unbewusste* (inconsciente), *Unheimlich* (infamiliar), *Unbehagen* (mal-estar) —, mas também pelos juízos de negação como a *Verneinung* (denegação), *Verdrängung* (recalcamento), *Verleugnung* (renegação), *Verkehrung* e *Umschlagen* (retorno e inversão da pulsão), sem falar na *Aufhebung* (negação com conservação e superação).

A coexistência entre opacidade e brilho, na estilística lacaniana, corrobora uma hipótese sobre a formação dos psicanalistas. Quando estamos diante de nossos analisantes, grande é a tentação de compreender. Diante do sofrimento intenso, da pressão por uma palavra de orientação ou consolo, da demanda de alívio ou esclarecimento, a sedução para deixar-se levar pelo enredo, ou a propensão a tirar partidos e formular juízos sobre a situação vivida, é permanente. Por isso, a capacidade de habitar espaços discursivos de alta rarefação do sentido é condição para quem quer escutar os outros. A habilidade para valorizar o caráter inclusivo da significação, o adiamento ou aceleração temporal do sentido e o paradoxo do significado definem a escuta analítica, colocando-a em contraposição à tendência natural para a adivinhação e sobrevalorização do que o analisante "quer dizer".

É possível que essa valorização da obscuridade, da ambiguidade e do desconcerto contenha uma crítica da regra enunciada por Aristóteles e Boileau de que "o que bem se concebe se enuncia claramente", como uma tese sobre a soberania da consciência.[57] Talvez isso seja um dos motivos pelos quais Lacan mostrou persistente interesse pelas línguas e pelas estéticas orientais como o chinês, o japonês e o sânscrito. Nos anos 1960 ele se interessou pela filosofia moral de Mêncio, pela filosofia de Lao Tse[58] e pela estética do mestre Shi Tao. Nos anos 1970 aproximou-se do poeta e sinólogo François Cheng[59] para traduzir passagens do Tao Te King. Como já mencionamos, o chinês, o japonês e em menor grau o sânscrito são línguas em que o sistema de escrita diferencia-se completamente da sua expressão falada. Isso decorre do fato de que a língua escrita ganhou autonomia em domínios sociais restritos, como entre os funcionários de Estado na China e os brâmanes na Índia, que se estabeleceram, com o passar do tempo, como os únicos leitores especializados dos textos sagrados. Dessa maneira o domínio da língua escrita tornou-se uma prerrogativa da elite administrativa e religiosa, ao passo que a língua falada seguiu seu curso de transformações e derivações locais. Depois de séculos os dois sistemas ganham autonomia.

Fala e escrita, escuta e leitura, são práticas muito diferentes do ponto de vista da corporeidade, inspiram organizações sociais distintas e relações antropológicas diversas. Lacan parece ter percebido nessas tradições orientais um uso da linguagem que não está baseado no princípio da representação entre significante e imagem, ou da correspondência entre letra e fonema, mas numa espécie de dança, música ou caligrafia entre a corporeidade efêmera da fala e a permanência da escrita.

Vimos anteriormente que entre a oralidade e a escrita Lacan derivou para o problema do nome da letra. Essa solução foi precedida pela ideia de traço, ponto de conexão mais agudo entre a superfície significante e o espaço da escrita. A ideia de "traço único de pincel" pode ser encontrada em *As anotações sobre pintura do monge Abóbora-Amarga*, vertido por Pierre Ryckmans, como movimento triplo que cria ao mesmo tempo a unidade da obra, a afinidade entre gesto e efeito no ato de produção e a assinatura que permite reconhecer sua autoria:

1. Atenção concentrada na cena (regressão, progressão ou repetição entre planos da interpretação), ou atenção flutuante no fundo (proporção, escala e textura da transferência).
2. Movimento de adição de elementos expressivos (perspectiva temporal dos afetos) ou movimento de ruptura (método da interrupção e corte).
3. Sentido de inversão discursiva (elementos retilíneos e curvilíneos, espiralados e elípticos) ou de vertigem narrativa (aspectos indeterminados e infinitos na imagem).

Temos aqui três procedimentos análogos da escuta psicanalítica: 1. atenção equiflutuante nesta ou na outra cena; 2. sustentação ou subversão da transferência; e 3. interpretação ou corte. A arte do gesto único será sintetizada por Lacan na abertura de seu seminário público em 1953:

> O mestre interrompe o silêncio com qualquer coisa, um sarcasmo, um pontapé.

É assim que procede, na procura de sentido, um mestre budista, segundo a técnica zen. Cabe aos alunos, eles mesmos, procurar a resposta às suas próprias questões. O mestre não ensina *ex cathedra* uma ciência já pronta, dá a resposta quando os alunos estão a ponto de encontrá-la.

Essa forma de ensino é uma recusa de todo sistema.[60]

Nesse sentido, o que se ganha com um bom manual prático de como fazer análise lacaniana, se perde com a exclusão da experiência de desafio e complexidade posta pelo texto, recolocada pela vida e revivida na análise. Quem quer que tenha tido a experiência de escutar pessoas em associação livre testemunhará que, frequentemente, os fragmentos que escutamos não criam nenhuma totalidade interpretativa. Descontinuidades narrativas e temáticas são a regra. Enunciados óbvios parecem ter um valor específico para aquela pessoa. Vivemos em meio a retóricas de contradição flagrante, repetições exaustivas, elipses e circularidades enervantes. Por isso, psicanalistas, particularmente os lacanianos, não se relacionam com textos difíceis apenas para entender seus conceitos e depois aplicá-los a seus analisantes. Eles se formam em práticas de análise do discurso, semiologia da cultura, hermenêutica e crítica da linguagem porque, de certa maneira, é isso que prepara o seu fazer.

No entanto, analisantes falando de seus sofrimentos não são equivalentes a textos sem corpo, estabilizados no tempo da língua escrita. Como vimos, o discurso do analisante é objeto de escuta, leitura e compreensão. Não é porque Lacan insiste que não se deve compreender cedo demais que a compreensão deve ser abolida na situação analítica e que o tratamento deve ser entendido como monólogo cruzado, ritual de silêncio ou celebração da significação impossível. Ocorre que a compreensão não é o objetivo, nem o principal agente da cura. É pela mudança de discurso que o tratamento avança e a psicanálise mostra sua eficácia, pois supõe-se que essa mudança é correlata da reversão dos sintomas, da redução do sofrimento e da aproximação do incurável.

Tudo se passa como se tivéssemos que forçar a oralidade contra a escrita e assim reciprocamente até que pontos de enlace, ainda que negativos, venham a se precipitar. Por isso seria importante precisar que encontramos no discurso lacaniano — em termos retóricos, temáticos e enunciativos — traços da linguagem oral, que se caracteriza por:

1. Sintaxe é coordenada ou paratáxica, baseada em frases curtas e simples, normalmente sem conjunções coordenativas ou subordinativas.
2. Formas de expressão são agregativas, em vez de analíticas.
3. Enunciados tendem à redundância, com estribilhos, refrões e ritornelos.
4. Enunciação está muito ligada a experiências concretas, com marcadores dialogais, em lugar da abstração.
5. Discurso é retoricamente competitivo ou adversativo, em lugar de cooperativo.
6. Recurso constante a provérbios, máximas e ditos populares como meios para transmitir crenças simples e atitudes culturais.[61]

A exceção notável encontra-se no item (1). As frases de Lacan são longas, muitas vezes exageradamente longas, como alguém que se deixa levar por um devaneio. Ainda assim frequentemente elas são coordenadas, o que leva a uma incerteza quanto ao nexo entre uma oração e outra. Suas paródias e escárnios entrelaçam-se com longas prosopopeias. A parataxe muitas vezes é levada ao extremo de um último termo que inverte o sentido de tudo o que se antecipava até então. As definições são curtas e cercadas por extensões e acréscimos em cada nova enunciação. Há diversas anedotas, exemplos, casos e situações que se repetem nas argumentações. Com frequência vemos surgir a figura do interlocutor equivocado: os que não o entenderam, os que corromperam a leitura de Freud, os que o deixam "falando com as paredes", os que traíram ou deformaram a via psicanalítica. Isso tudo acontece com um vocabulário cheio de palavras raras, de construções incomuns e de cortes temáticos. Como se estivéssemos às voltas com a intrusão de recursos habitualmente encontrados na linguagem escrita, mas transcritos para a oralidade. Há um efeito típico e recorrente da estilística de Lacan que consiste em fazer deformar uma palavra, ao longo da construção da frase, combinando procedimentos de justaposição, repetição e exploração de léxicos raros. Por exemplo:

> É aqui que se emblema [s'emble], quero dizer, que se semeia [se emblave] o que é semblante/semelhante [semblable], cujo equívoco só eu quis desfazer, por tê-lo resolvido com o homossexuado, isto é, o que até aqui era chamado de homem resumido, que é o protótipo do semelhante (cf. meu "O estádio do espelho").[62]

Note-se a repetição da rima nos termos franceses destacados, a transposição da forma para o conteúdo e a emergência de neologismos aos quais se atribui valor semântico ou cognitivo, como quase-conceitos. Tudo isso acontece ao modo de um achado de linguagem, que emerge do pensamento expresso ao modo da fala, que agrega propriedades poéticas derivadas da escrita.

A fala não se define por seu suporte material, onda sonora ou voz, mas pelo cruzamento sinestésico dos sentidos, intervalos respiratórios, alternância entre tonicidade e distensão, extrusão e intrusão de gozo de sentido, troca de turno dialogal, prosódia, ritmo e melodia e retorno da palavra sobre o próprio emissor, todas elas propriedades ligadas ao tempo.[63] A poética da voz, incluindo modulações da enunciação, mudanças de ritmo, variações de tom e prosódia afetiva determinam uma certa relação entre temporalidade e intensidade que altera e determina nosso lugar de escuta.

O texto faz *corpus*, ou seja, unidade definida pela autoria de um corpo, ainda que esta unidade seja coletiva. A fala, ao contrário, cria uma unidade, ainda que ficcional, entre corpo, carne e organismo. Em princípio repudiamos na fala tortuosa ou obscura, que cultiva enigmas e incompreensões, uma certa recusa do outro em nos incluir em seu mundo. Pois o uso de palavras raras, construções preciosas, sotaques e acentos são poderosos marcadores de classe, raça e gênero, marcadores sociais da elite bem-educada. Contudo, a estratégia do estilo lacaniano nos previne contra o elitismo discursivo, pois mesmo aqueles que possuem as referências culturais, dominam a língua e conhecem os autores não conseguem inferir precisamente o sentido de seu texto. Ou seja, ele parece ter sido feito para resistir a traduções e tradutores incontroversos.

Vimos que essa forma de autoridade cultivada, que poliu e civilizou toda rudeza, foi usada sistematicamente como estratégia de colonização, seja para mimetizar a língua do colonizador, seja para mimetizar seus poderes simbólicos, ou ainda para administrar hierarquias entre a cultura do colonizador e a do colonizado. Mas a erudição, como prática daquele que superou a rudeza, pode ser tanto emancipatória quanto reprodutora de muros simbólicos que segregam populações e invisibilizam sujeitos. Ainda assim o terrorismo de uma língua silente, que goza com nossa ignorância envergonhada, não precisa ser vivido como humilhação intelectual. Entramos aqui no problema de como o estilo de Lacan se reproduziu e se desdobrou nas inúmeras comunidades de estudo e formação mundo afora.

Ainda que o idioma de Lacan tenha sido apropriado por uma variedade extensa de propósitos, não creio que precisemos de um falante ideal do francês, como o leitor ideal de Joyce, dotado de tempo infinito para purificar os desvios na compreensão, nem que seja necessária a mera reprodução de mal-entendido epistemológico. A retórica barroca de Lacan é combatida por muitos como signo de um pensamento interessado em manter relações de subordinação, baseadas em saberes europeus e negação dos modos de expressão locais. Existem tentativas de descrever como o lacanismo se reproduz na forma de variantes discursivas como kitsch, épico, neoclássico e originalista.[64] Elas seriam deduzidas dos momentos da estrutura das comunidades científicas segundo Kuhn:[65] crise, revolução, ciência normal e anomalia. Estas por sua vez seriam comparáveis aos quatro discursos propostos por Lacan: da histeria, do mestre, da universidade e do analista. Pode-se dizer que, desde o início, o estilo de Lacan aspira a estabelecer uma forma de vida, uma ética de compromisso e convicção, capaz de resistir ao processo de reprodução cultural tecnicamente organizada e ideologicamente orientada. A estratégia aqui consistiu em produzir uma língua estrangeira e tornar essa língua uma espécie de enigma comum, em vez de práticas de esclarecimento por subordinação.

Tensão entre oralidade e escrita em Lacan retoma a primeira definição de estilo, oferecida por Buffon: o estilo é o homem, *ele mesmo*. Se a oralidade apresenta o indivíduo que fala em sua presença e corporeidade para um destinatário definido, a escrita representa o sujeito em ausência para um destinatário impessoal e indeterminado. A psicanálise é uma *talking cure* e não uma *writing cure*, porque o estilo na fala carrega essa ilusão de que ali o sujeito se apresenta "ele mesmo", ao passo que a distância da escrita o mostra como "ele outro".

2. Mística medieval e negatividade

VIMOS ATÉ AQUI QUE a oralidade desempenhou um papel decisivo na forma de veiculação primária do ensino de Lacan, e que encontra suas raízes na própria origem da língua francesa e sua luta contra os regimes históricos de colonização romano-germânica. Vimos também como esse problema se liga decisivamente ao fato de que a psicanálise é uma experiência de tratamento baseada na fala. Fala e escrita aparecem temática e conceitualmente no percurso da pesquisa de Lacan a partir das tensões entre significante e significado, significado e conceito, conceito e escrita, terminando pela conjunção entre escrita lógica e literária. Veremos agora como o problema da oralidade insubmissa contra a escrita se reapresenta na separação dialética entre verdade e saber, cuja origem se encontrará nas tradições místicas do século XIII.

Ainda que as tradições místicas estejam historicamente ligadas às formas religiosas, a noção de mística, aqui abordada, refere-se à tradição oral, crítica das religiosidades instituídas e dos seus modos de poder correlatos. O radical *myo*, de onde procedem palavras como mistério, místico, mistura, quer dizer "fechar os olhos", "fechar as feridas", "acalmar a dor", e no limite remete à ideia de cessar, suspender ou interromper. A investigação mística não é uma especulação filosófica sobre outros mundos e suas metafísicas, mas uma pesquisa sobre o que pode ser dito e o que não pode ser dito.[1]

Lacan é conhecido por ter reintroduzido na psicanálise o conceito de verdade. Em específico, ele parece estar buscando reconectar a relação entre conhecimento e ética, relativamente separada por Descartes e autonomizada por Kant. A retomada lacaniana da Antiguidade — seja pelo mito ou pelas tragédias, seja pelo pensamento de Platão ou pelo de Aristóteles, seja ainda pela tradição bíblica ou pela teológica — parece resgatar a problemática, abolida pela modernidade, sobre a importância da verdade para a ética. Neste capítulo tentarei mostrar como a renovação lacaniana do conceito de verdade liga-se fortemente com a fala, assim como o conceito de saber liga-se ao escrito. Isso acontece porque a partir do século XVII ocorre uma espécie de mutação do estatuto do Outro. Natureza, mundo, Deus e a alma, as figuras clássicas da alteridade, passam a ser consideradas, desde então, infinitas. Infinito será o saber que se acumulará a partir do Outro. Infinito o abismo que o Outro passa a representar. Em vez de louvar Deus, os místicos parecem perguntar: *quem é esse outro a quem me dirijo?*

A ciência moderna se fundaria sobre uma negação da verdade, ou seja, o conhecimento legítimo torna-se uma progressão do saber finito, acumulado pelo ser humano, sobre a infinitude natural do universo. Daí que o saber, antes considerado verdadeiro, torna-se apenas a "verdade" provisoriamente mais legítima. Se antes o saber verdadeiro estava ligado tanto ao método quanto ao conteúdo, agora ele será considerado seguro e consensual por suas propriedades formais: transmitido pela escrita bem-feita, partindo de descrições claras e distintas, objetivado por um conjunto de evidências. O conhecimento, no sentido moderno do termo, é um tipo de saber que aspira a alcançar uma transmissão universal, subsidiada no correto uso da razão, condicionado pela lógica, e dos sistemas particulares de argumentação. O conhecimento depende sobretudo de um sujeito indeterminado e impessoal. Pelas regras do método científico o agente das operações de conhecimento deve ser anônimo e virtualmente substituível por *qualquer um*. Ocorre que isso é um problema para o método psicanalítico, que pretende alcançar a dignidade *desse único um* que temos diante de nós. Para esse "objeto" as regras de indução por generalização, que fazem *desse um* um caso particular de um conjunto ou classe, não se aplicam perfeitamente. De modo similar, não conseguimos deduzir com clareza qual é a diferença entre *esse um* e os outros da classe à qual ele pertence. "E o sentido do que Freud disse pode ser comunicado a qualquer um, porque, mesmo dirigido a todos, cada um estará interessado — e basta uma palavra para fazer senti-lo: a descoberta de Freud questiona a verdade, e não há ninguém que não seja pessoalmente afetado pela verdade."[2]

A verdade à qual Lacan se refere não pode ser propriamente conhecida. Ela se dá como um acontecimento de fala dependente de seu contexto temporal de enunciação. Quando essa verdade se fixa, na forma escrita pela memória, ela se transforma em uma nova versão do saber. A verdade fala conosco ou fala em nós. O Eu chega sempre depois, tentando agarrar a temporalidade efêmera de seu acontecimento. Por isso a verdade não é uma propriedade das proposições, em sua comparação e correspondência com o mundo, que poderia ser incluída na ciência, a título de proposição verdadeira ou falsa, descrevendo por exemplo um nexo causal entre dois eventos. Pelo contrário, para Lacan a verdade aparece no lugar da causalidade, ela é por si mesma, uma espécie de causa retrospectiva para os meandros de uma vida. A verdade, como ação da verdade, é o correlato do reconhecimento real:

> A palavra plena é a que visa, que forma a verdade tal como ela se estabelece no reconhecimento de um pelo outro. A palavra plena é palavra que faz ato. [...] Cada vez que um homem fala a outro de maneira autêntica e plena, há, no sentido próprio, transferência, transferência simbólica — alguma coisa se passa que muda a natureza dos dois seres em presença.³

Mas não é toda forma de uso da linguagem que comporta verdade. Os casos enumerados por Lacan são sistematicamente ligados à fala: o mito como expressão oral de uma cultura, as tragédias e comédias como experiência dramatúrgica concreta, o amor cortês enquanto gênero literário, mas também as tradições místicas, marcadas pelo recuo em relação à religiosidade teológica, institucionalizada em torno das escrituras. Daí que o tema esteja associado, na estilística lacaniana, à retórica do testemunho, da anunciação e da grandiloquência, mas também às instituições psicanalíticas, como versões decaídas de opressões religiosas: "Mas, para que me encontreis onde estou, vou ensinar-vos por qual sinal reconhecer-me. Homens, escutai, eu vos dou o segredo! Eu, a verdade, falo".⁴

A verdade passa pela fala. Ela está ligada ao tempo e à negatividade, daí que ela se apresente mais como um movimento do conceito, "instante do fantasma" ou "hora da verdade", do que como conteúdo proposicional.[5]

Lacan recorre constantemente à prosopopeia para tornar a verdade um personagem alegórico, como uma mulher que faz, que age, que se movimenta com seu corpo, e não como uma representação estável, representação dos fatos, imagem do mundo e correspondente da realidade. Quando focamos nas proposições lacanianas sobre a verdade encontramos quase sempre um conteúdo negativo: não existe metalinguagem, a relação sexual não existe, é impossível dizer toda a verdade — só é possível "meio dizê-la", pelos chistes, atos falhos e equivocações.[6]

> Porque as palavras, os símbolos introduzem um oco, um buraco, graças ao qual todas as espécies de franqueamentos são possíveis. As coisas tornam-se intercambiáveis. Esse buraco no real chama-se, segundo a maneira pela qual o encaramos, o ser ou o nada. Esse ser e esse nada são essencialmente ligados ao fenômeno da palavra. É na dimensão do ser que se situa a tripartição do simbólico, do imaginário e do real, categorias elementares sem as quais não podemos distinguir nada na nossa experiência. [...] É somente na dimensão do ser, e não na do real, que podem se inscrever as três paixões fundamentais — na junção do simbólico e do imaginário [...] o amor — na junção do imaginário e do real, o ódio — e na junção do real e do simbólico, a ignorância.[7]

Lembremos que o tema das experiências místicas como êxtases, estigmas corporais, alterações da consciência e espasmos motores estava na raiz do debate que pretendia separar os fenômenos religiosos dos sintomas psicopatológicos, no contexto da ciência psiquiátrica nascente.[8] Por exemplo, no caso de Madeleine Lebouc, publicado por Pierre Janet em 1896,[9] encontramos sintomas típicos como febres, dores no estômago, nas pernas e nas mãos ao lado de sintomas excêntricos como o fato de caminhar nas pontas dos pés, mimetizando a levitação. Depois da morte de seu confessor ela passou a apresentar, durante suas crises espirituais, estigmas, sangramentos e dores em lugares específicos do corpo. Mas Janet via nisso apenas a manifestação da histeria, como se a paciente estivesse cortando relações com a autoridade teológica em matéria de sofrimento mental.

Mais tarde essa atitude foi descrita como parte da síndrome de Janet,[10] ou seja, a repressão das experiências religiosas estava na origem da disciplina psiquiátrica, científica e laica na qual Lacan se formou.

Ele logo percebeu que o recurso ao Eu, como instância meramente operacional, e a concepção de linguagem, como mera função representacional, excluíam desse programa o acontecimento central de transformação no sujeito quando ele assume, reconhece ou nega a verdade sobre seu desejo.

Antes de sua decepção com a formação psiquiátrica, Lacan teria passado por uma decepção com sua formação católica. O abalo teria sido causado pelo seu professor de filosofia, Jean Baruzi, especialista em San Juan de la Cruz e em Espinosa, que mais tarde teria apresentado Lacan a Alexandre Koyré, historiador da ciência e estudioso de Jakob Böhme. Também por intermédio dele Lacan chegou a Alexandre Kojève, cujo seminário frequentou entre 1934 e 1939, ao lado de Georges Bataille, André Breton, Maurice Merleau-Ponty e Raymond

Aron. Dramático e envolvente, Kojève representou um verdadeiro modelo estilístico para Lacan. Apresentava-se como antifilósofo, praticava o ensino oral e quase nada publicou em vida. Ainda na Rússia ele havia estudado o pensamento metafísico de Soloviov. Amigo de Dostoiévski e Tolstói, Soloviev era um crítico severo do positivismo, cujo pensamento está ligado à mística apofática e à tragédia antiga. Ele teria introduzido, via Kojève, temas como o fim da história e o esgotamento da filosofia na modernidade,[11] bem como a ideia, incorporada por Lacan, de que o desejo é fundamentalmente um trabalho negativo da linguagem.[12]

A questão de Lacan com a psicopatologia começa por descobrir se há alguma verdade em jogo no sofrimento psíquico e nos sintomas, ou se eles são produções aleatórias, epifenômenos e carentes de sentido. No primeiro caso, a transformação clínica independe dos modos de dizer a verdade do sintoma. No segundo, a própria clínica psicanalítica demanda uma estética ligada à maneira de bem-dizer, irredutível à forma de saber da escrita naquele sujeito. Foucault percebeu bem como essa dupla problemática encontra-se já na antiga tradição da espiritualidade e do cuidado de si:

> [...] todo o interesse e a força das análises de Lacan estão precisamente nisso: creio que Lacan foi o único depois de Freud a querer recentralizar a questão da psicanálise precisamente nesta questão das relações entre sujeito e verdade. [...] ele tentou colocar a questão que, historicamente, é propriamente espiritual: a questão do preço que o sujeito tem que pagar para dizer o verdadeiro e a questão do efeito que tem sobre o sujeito o fato de que ele disse, de que pode dizer e disse, a verdade sobre si próprio.[13]

Na origem dessa tradição da espiritualidade está santo Agostinho, o primeiro a dar cidadania para as experiências místicas como modelo de transformação radical do sujeito, mas também um dos pioneiros no gênero autobiográfico das *Confissões*. Agostinho queria explicar a origem das dualidades que compõem pensamento, linguagem e conceito. Para tanto ele chega na tese de que a unidade ontológica elementar não é a substância, o ser ou a essência, mas o informe (*materia informis*), a quase existência e o abismo (*Abgrund*).

Entre os séculos XIII e XIX, as noções de *Ungrund* (sem fundo, infundado) e *Abgrund* (precipício, abismo) contribuíram, na Alemanha e em menor medida na França, para definir uma nova filosofia que tenta incorporar ao conceito de razão aquilo que ela nega para se constituir como tal: o irracional, elusivo e obscuro. Desse programa provém a noção de força (*Kraft*) em Hölderling,[14] a vontade (*Wille*) em Fichte, o inconsciente (*Unbewusste*) em Schopenhauer e "a pressão" ou pulsão (*Trieb*) em Nietzsche. Schelling fala de um "infinito" em formação como "origem de todas as coisas". Para ele, o terreno (*Grund*) a ser buscado não deve mais ser pensado como um "fundo" (*Boden*), a partir de uma perspectiva metafísica, mas como um "abismo" (*Abgrund*), ou seja, como um "fundo sem fundo", um vazio subjacente ou um porão sem fundações.

Outro ramo da descendência da mística medieval é o pensamento existencialista de Kierkegaard, modelo para a teoria lacaniana da angústia. Filosofar à beira do precipício, entre o terror e o tremor, é a cena fundamental desse pensamento. Lacan mobilizou o conceito de angústia desde Kierkegaard, assim como comentou a presença do abismo e do silêncio na pintura expressionista de Edvard Munch chamada *O grito*, que lhe é tributária. Combina-se assim a experiência do abismo e da loucura com a angústia e a perda do chão.[15]

A vertente mística que mais concorreu para a formação do estilo de Lacan vem do pensamento de Hegel, tanto pela maneira de pensar os conceitos quanto pela sua forma peculiar de exprimir-se na língua alemã. Leitores do idealismo alemão, Koyré e Kojève perceberam que Hegel tinha suas raízes na mística alemã[16] e na tradição apofática ou negativa da espiritualidade. Isso aparece tanto nas referências temáticas aos dísticos de Angelus Silesius quanto na apropriação conceitual da noção de espelho sofiânico de Jakob Böhme[17] e ainda na epistemologia das duas verdades proposta por Nicolau de Cusa.[18] Todos esses autores beberam na fonte da mística renana do século XIII. Vejamos então esse percurso de influências para entender por que o estilo alusivo e indireto de Lacan se relaciona com sua concepção de verdade e com a matéria-prima do processo psicanalítico.

Angelus Silesius, médico, luterano convertido ao catolicismo e tornado padre, autor de *Desejos sagrados da alma* (1657), pratica uma poesia de máxima concisão, conhecida como dístico. A técnica consiste em formar duas frases opostas, ao longo de um eixo comum, para transmitir a experiência mística ou para figurar o incomunicável que ela tem por horizonte. Por exemplo: "Deus não vive sem mim/ Sei que sem mim Deus não pode um instante viver/ Se eu nada me tornar, ele deve por certo morrer".[19] Reconhecendo-se como místico desprovido de experiências místicas, como impostor que repete uma mensagem que não era inteiramente sua,[20] ele transforma os temas clássicos do êxtase, da transcendência e do corpo-espírito em problemas de linguagem.[21]

Este, que, no início do século XVI, fez estudos médicos bem puxados — isso tinha provavelmente mais sentido nessa época do que nos nossos dias — escreveu, sob o nome de Angelus Silesius, um certo número de dísticos dos mais comoventes. Místicos? Não é talvez o termo mais exato. Trata-se ali da deidade, e das suas relações com a criatividade, que diz respeito por essência à palavra humana, e que vai tão longe quanto a palavra, até o ponto mesmo em que ela acaba por se calar. A perspectiva pouco ortodoxa na qual Angelus Silesius sempre se afirmou é de fato um enigma para os historiadores do pensamento religioso.[22]

As epigramas de Silesius são uma tentativa de falar sobre o inefável, por isso são poemas "sempre elípticos, taciturnos, enigmáticos, obstinadamente retraídos e inacessíveis".[23] Mas disso não decorre que o que não pode ser dito não possa existir. Ao contrário, há modos de existência, de permanência e de presença que não podem ser ditos, mas que existem porque podem ser escritos.[24] Dísticos capazes de captar antíteses e paradoxos, máximas que transmitem brevidade, iluminação e desconcerto. Explicitação da inquietude da conversa interior. Gosto pelo efeito oracular, aproximação reconhecida pelo próprio Lacan:

> Vocês encontrarão ali muitos outros objetos de meditação, por exemplo, o calembur do *Wort*, a palavra, e do *Ort*, o lugar, e aforismos inteiramente justos sobre a temporalidade. Terei talvez

ocasião de tocar uma próxima vez em algumas dessas fórmulas extremamente fechadas e que entretanto abrem, admiráveis, e que se propõem à meditação.[25]

Jakob Böhme faz parte dessa tradição mística, herética e apofática, que defende a ausência de fundamento para o ser, representando assim um novo tipo de ontologia. Nela há uma vertente ocidental, representada por Gregório de Nissa, e outra oriental, que procede de Pseudo-Dionísio e se aproxima do budismo e do taoismo.[26] A primeira renuncia ao conhecimento positivo e direto do ser e do um. A segunda advoga a importância da epifania como acontecimento existencial e transformador. Se a primeira se faz pela palavra, a segunda enaltece o silêncio. Nela não temos nada no que nos apoiarmos, nem mesmo o chão. Se temos apenas o abismo por anterioridade, somos como imagens pairando sobre o precipício. Tais imagens funcionam a partir de uma fonte emissora, seja ela o sol, seja ela Deus, que envia seu raio para o homem, que a reflete como água ou espelho. Isso causa o momento do desejo, pelo qual o homem insemina, devolve ou projeta seu desejo para o outro e só pode reconhecê-lo como retorno do Outro. "É assim que a mulher excita no homem a semente, que ele projeta na mulher e esta semente torna-se uma criança."[27] Esse é o conceito de *Ungrund*, palavra criada a partir do prefixo negativo (*un-*) e do termo chão (*Grund*), que literalmente quer dizer falta de chão, perda da determinação. Para Böhme, o *Ungrund* não é um "fundo escuro" associado ao mal, mas uma espécie de "fundo sem fundo" em que a escuridão é imagem da indeterminação. Não mais o discurso sobre o ser, mas como as coisas podem ser apreendidas em sua aparência, como unidades. Por isso sua perspectiva é conhecida como meontologia (ontologia do abismo) ou neontologia (ontologia do negativo), como relação com o nada abissal. O sentimento trágico da existência que disso decorre seria a matriz para um novo conceito de liberdade, entendida como contingência real.

Böhme herdou de Nicolau de Cusa a sua teoria das duas verdades, o problema do conhecimento como ilusão e ignorância e ainda a tese da coincidência dos opostos. Esses três pontos confluem para o modelo do espelho como caminho tanto para o conhecimento quanto para o desconhecimento, uma vez que a ilusão é parte do caminho para a verdade. Isso está por trás da afirmação de Lacan de que a paixão que cabe ao psicanalista é a douta ignorância,[28] entendida como movimento de alternância entre duas perspectivas (ignorância e saber) e inversão dialética entre verdade e saber.[29] Nem o amor nem o ódio, mas a ignorância, como ponto de passagem entre saber e verdade e de retorno da verdade sobre o saber. A douta ignorância seria a virtude ética a se esperar desse novo tipo de sábio que é o cientista. Ela se apoia no fato de que doravante será impossível construir uma representação objetiva e unívoca do universo, tal como fora apresentada pela teologia e pela metafísica. Enquanto a verdade que aparece como conhecimento e saber metodologicamente purificado define a ciência como língua bem-feita, a verdade que procede da prática da ambiguidade e da douta ignorância estabelece a ciência como criação de uma nova língua. Isso redefine a verdade, não mais como representação adequada da coisa, mas como coincidência dos opostos. A certeza será esse ponto de inflexão temporal no qual saber e verdade se encontram.³⁰ Com isso, é possível olhar para a linguagem matemática como progressão histórica de paradoxos ou desafios de escrita lógica, e para a linguagem poética como estratégia para fazer o infinito do pensamento se dizer na forma finita das palavras.

Podemos propor, como uma espécie de resumo do que vimos até aqui, uma narrativa do percurso de um tratamento psicanalítico a partir da combinação entre o processo de inversão pelo espelho, a teoria das duas verdades e a alternância entre palavra plena e palavra vazia levando em conta o programa clínico do tratamento psicanalítico que se pode extrair das primeiras formulações lacanianas dos anos 1950.

O sujeito intui que seus sintomas, angústias e inibições demandam algum tipo de "pesquisa da verdade". Ele encontra, da parte do psicanalista, nem amor nem ódio, mas douta ignorância. Sua palavra progride, pela associação livre, passando pelas figuras de negação: recalque, condensação e denegação. Surgem os momentos agudos da transferência, nos quais o analisante questiona e repudia a imagem de si que lhe é retornada pelo psicanalista. Ele repete assim os momentos traumáticos de sua própria constituição: a formação do Eu, o complexo do desmame, o complexo de intrusão, o complexo de castração, o complexo fantasmático, a formação do Ideal do Eu e do Supereu.³¹ Percebendo-se alienado em suas diferentes identificações,³² ele se engaja na tarefa de recordar, repetir e elaborar pela qual reintegra os capítulos esquecidos e censurados de sua história.³³ A cada momento de reconhecimento da palavra vazia na transferência, a interpretação introduz algo novo, como instante de verdade. A cada nova configuração das identificações e do fantasma que as organiza, um novo corte do Real.³⁴

A análise termina no horizonte conjectural de dissolução do Eu imaginário, pela tomada do inconsciente e do desejo como simbolicamente "não realizado"[35] e pela "palavra que simboliza a realização de seu ser"[36] do sujeito, como "falta-em-ser".[37]

Portanto não se trata de uma ascese (elevação) nem de uma iniciação (pela sabedoria), mas da experiência negativa de perda (Real), da redução narcísica (Imaginário) e da realização da falta (Simbólica).

Como já adiantamos, Silesius, Cusa e Böhme são tributários de um conjunto de livres pensadoras, como Hildegard de Bingen, Hadewijch de Antuérpia, Matilde de Magdeburg e Marguerite Porete. Elas viveram na fronteira entre Alemanha e França, nas margens do rio Reno, criando um estilo de vida inédito, pelo qual não deviam obediência nem eram subordinadas a suas famílias de origem, nem aos maridos, nem a nenhuma ordem ou potestade religiosa.[38] As beguinas não eram freiras, não faziam votos, não pediam nem aceitavam esmolas, podiam deixar suas comunidades e se casar quando quisessem e não precisavam renunciar a suas propriedades. Elas inauguraram um novo capítulo literário sobre os prazeres do corpo.[39] Não se sabe ao certo como elas adquiriram direitos raros para as mulheres da época: ler e escrever, viajar desacompanhadas e trabalhar. Elas podiam cuidar de crianças abandonadas, ensinar línguas e tecer ou tingir tecidos, o que lhes habilitou certa autonomia financeira.

Por volta de 1400 quase todas as cidades alemãs na fronteira com a França, nos Países Baixos e no vale do Reno possuíam um agrupamento de beguinas. Gradualmente o movimento declarou-se como de "espíritos livres" e passou a acolher mulheres viúvas, separadas e jovens abandonadas. As místicas escreviam como se fala, na língua natural, construindo aos poucos um código alternativo a escrituras e textos sagrados. Alheias aos métodos do comentário e interpretação, elas representam o embrião da futura tese protestante em favor de uma leitura livre da Bíblia, guiada pela consciência pessoal. Ao que parece sua prática de ensinar órfãos, organizar a vida das mulheres e sobretudo ler publicamente seus escritos levou-as a serem condenadas por heresia no Concílio de Vienne em 1312.

Já se observou que essas hereges, assim como o movimento dos cátaros, no sul da França, estão na origem das lutas emancipatórias das mulheres.[40] Místicas posteriores, igualmente mencionadas por Lacan, tais como Catarina de Siena, santa Teresa d'Ávila e San Juan de la Cruz testemunharam literariamente suas experiências de contato divino direto. Para ressaltar o aspecto feminino dessas místicas medievais, cabe lembrar que Lacan considerava San Juan de la Cruz, quando se tratava das relações com o gozo, "tecnicamente" uma mulher.[41] Para a psicanálise de Lacan, mulher, homem ou qualquer outro gênero são definidos, antes de tudo, por significantes, nesse caso tomados em uma função específica chamada semblante. Como todo significante, seu sentido e significado dependem da integral histórica de seus usos, não de qualquer referência a um tipo corpóreo ou anatômico. Além disso, esses semblantes se associam com modos diferenciais de gozo: o gozo-fálico e o gozo não-todo-fálico ou gozo do Outro (se é que ele existe). Em terceiro nível, os significantes e os modos de gozo associam-se com posições fantasmáticas ou modos preferenciais de relação entre sujeito e objeto, que especificam orientações sexuais ou eróticas. Portanto, quando Lacan considera o autor de *A noite escura da alma* como uma mulher ele está pensando no modo de gozo que seus escritos veiculam, mais do que em seu gênero empírico ou sua eventual orientação erótica.

Temos aqui uma experiência histórica concreta, de natureza teológico-política, que coloca o vazio e a ausência de centro nas relações entre desejo e poder. A mística renana, como movimento de resistência, pregava a importância da humildade, valorizando a miséria e a falta de recursos como condições para a aproximação divina. Cultivavam ainda a liberdade e a disposição para o livre amor, situando-se na arqueologia do amor provençal, que Lacan mobilizará para exemplificar a ética da psicanálise.

Marguerite Porete foi queimada viva em 1310 em Paris, em um processo análogo ao de Joana d'Arc. Ela se tornará o "primeiro caso documentado de uma execução por heresia mística na cristandade ocidental".[42] Quando presa, negou-se a prestar juramento diante do tribunal, o que a aliviaria de uma parte da tortura. Também se negou a receber a absolvição dos pecados, ante uma pena que considerava injusta. Escreveu *O espelho das almas simples e aniquiladas e que permanecem na vontade e no desejo do Amor*, no qual encontramos quase todos os tópicos que elencamos até aqui sobre a estilística lacaniana: o tema do abismo e da incomunicabilidade da experiência; a função do espelho como mediador e da imagem como problema; o uso translinguístico de termos em francês, alemão antigo e latim, mistura de linguagem coloquial e erudita; presença de alegorias, dísticos e neologismos. Apesar das beguinas em geral dominarem a escrita e dedicarem-se à redação de livros, a prática realmente original de Marguerite consistia em viajar sozinha e livre, de cidade em cidade, e lendo publicamente, em voz alta, seu próprio livro. "Eu disse que o amarei;/ Eu minto, pois eu não sou./ É ele só que me ama:/ Ele é, e eu não sou./ E nada mais me falta,/ [...] ó doce abismo, diz a Razão,/ O fundo lugar sem fundo de um todo./ Humildade."[43]

Porete, assim como Lacan, dedicou-se a forjar neologismos, como o "longeperto", que ela cria para exprimir o paradoxo da distância criada pelo amor, a coincidência dos opostos e o desejo como abismo da alma.[44] Para ela, o espelho é uma espécie de instrumento ou de método para a nadificação e aniquilamento da alma. Da travessia de sucessivos espelhos surge a produção da "imagem incompreensível do Deus incompreensível",[45] o caminho pelo qual a alma se perde para poder se reencontrar. A alma descobre seu próprio estado de alma, recupera a vontade. No sétimo e último espelho maravilhoso, a alma passa pela experiência de aniquilamento. Ela se torna simples e humilde, separa-se do corpo e nada deseja senão a vontade divina. Temos aqui um modelo para a experiência de dissolução do Eu apresentado por Lacan como horizonte para o fim de análise. O clarão de uma vida sem mediação das imagens, a superação da alienação do desejo como experiência antinarcísica.

Porete foi influenciada por Matilde de Magdeburg (1207--83), autora de *Revelações, ou A luz fluente da divindade*. Nela reencontraremos duas técnicas recorrentes no estilo de Lacan: a forma do dístico, depois presente em Silesius, e as etimologias retóricas, caras a Böhme. Entre elas encontramos dificuldades para narrar as experiências "indescritíveis" sobre as formas de prazer, satisfação e gozo vividas pelas místicas. Para tanto elas desenvolveram o conceito medieval de carne. A "carne não é matéria, não é espírito, não é substância",⁴⁶ mas uma variação de luz e sombras, uma experiência de linguagem sobre o dizível e o indizível. Isso no fundo não representa nenhum desafio vocabular ou lexical. Nada sobre o que estaria além ou aquém da linguagem, mas tão somente os limites gramaticais, poéticos e lógicos, internos a um dado funcionamento social da língua. Em Hildegard de Bingen,⁴⁷ esse limite está na inversão entre luz e trevas e pode ser reconhecido pela experiência da vertigem e da perda do lugar. Em Hadewijch de Antuérpia, a carne aparecerá por meio do neologismo *Minne*.⁴⁸ Entende-se que a mística medieval é um contraponto da Escolástica, tanto pela crítica à redução da experiência religiosa à forma teológico-conceitual, excluindo a expressão poética, quanto pela valorização do amor como afeto fundamental da experiência mística, e ainda pela desvalorização do potencial transformativo do amor no contexto da conversão. A *Minne*, como uma palavra que representa a confluência dessas três dimensões, inspira a poesia mística, redefine o amor que deseja amor e convoca uma experiência diferente de corporeidade, o corpo místico, também chamado de carne. A carne é a versão incorporal pela qual as místicas encontram essa espécie misteriosa de mistura entre prazer e dor, entre satisfação e insatisfação, na sua relação com o Outro.

A carne situa-se fora do corpo, pois envolve retorno do prazer ou desprazer suposto ao corpo do Outro, como narrado por santa Teresa D'Ávila ou por Catarina de Siena. A carne opera experiências de êxtase, beatitude e possessão do corpo, como as narradas pelo presidente Schreber. Ela também pode aparecer como estranhamento, como nos relatos de hipocondríacos e melancólicos. Se o organismo é o lugar da certeza sobre o prazer e/ou sobre o desprazer, sobre a dor ou sobre o alívio da dor, e se o corpo é onde realizamos algum saber sobre nossa satisfação ou insatisfação, a carne é a instância correlata onde reina a angústia, o não saber e incerteza de gozo:

> Para Hadewijch [...] é como para Santa Teresa — basta que vocês vão olhar em Roma a estátua de Bernini para compreenderem logo que ela está gozando, não há dúvida. E do que é que ela goza? É claro que o testemunho essencial dos místicos é justamente o de dizer que eles o experimentam, mas não sabem nada dele.[49]

Voltamos aqui ao tema da verdade sem saber. As místicas medievais representam não apenas um movimento emancipatório de busca pela liberdade, mas uma ética do dizer e um compromisso, por vezes trágico, com a enunciação da verdade. Seu discurso é sobretudo uma experiência amorosa, protótipo da fala endereçada ao Outro, em estrutura dialogal, que será mais tarde redefinida por Freud como transferência. A mística medieval cristã convoca uma série de recursos expressivos, enunciativos e temáticos para confrontar os limites do que se pode dizer.

A verdade que está em jogo no discurso das beguinas tem estatuto muito diferente do que se encontrará em Tomás de Aquino ou Bernardo de Claraval. Suas narrativas versam menos sobre o estatuto teológico e mais sobre a condição de sofrimento daqueles que se percebem em desamparo. O estilo das místicas renanas é menos aquele que convém a quem quer fixar um saber e mais aquele que se desafia a dizer o que ainda não foi dito. Nesse sentido as místicas medievais antecipam o pensamento barroco, que se interessou pelo corpo e por sua generalização como forma retórica e instrumento de conversão.

Tenhamos em mente, contudo, que apesar dos exemplos, das referências e do léxico por vezes teológico, o místico em Lacan está mais próximo do místico de Wittgenstein, ou seja, aquilo do qual não se pode falar, dada uma certa condição de linguagem e de mundo.

3. Torção barroca e deformações maneiristas

No PRIMEIRO CAPÍTULO ABORDAMOS o estilo de Lacan como tensão entre oralidade e escrita e como problemática do si mesmo, e no segundo investigamos a hipótese do estilo como Outro a quem nos dirigimos, a partir da mística da negatividade. Agora podemos enfrentar a tese de que *O estilo é o objeto*, tendo por referência a estética barroca.

Segundo o próprio Lacan o conceito de objeto *a* teria sido a única novidade que ele introduziu na psicanálise. De fato, a ideia de que o inconsciente se estrutura como uma linguagem, bem como os inúmeros desdobramentos e extensões do que entendemos por linguagem, encontram sólidos correlatos em Freud. Também a abordagem pela negatividade pode ser respaldada no amplo espectro de temas, conceitos e noções freudianas de corte negativo, a começar pelo inconsciente, passando pela teoria da defesa e da angústia, por suas concepções de transferência e resistência, incluindo até mesmo a controversa postulação da pulsão de morte.

Já quando olhamos para o conceito de objeto *a* não encontramos nenhum correlato freudiano direto, restando-nos pensar pelas vias indiretas do trabalho da pulsão, do sonho e do luto, incluindo o fenômeno do estranho (*Unheimlich*), no quadro de uma noção mais genérica, como a de repetição. O desenvolvimento do conceito de objeto *a* e do conceito de fantasma, que é sua noção clínica mais próxima, dependeu de uma crítica radical da fenomenologia sobre a qual Freud trabalhou. Na esteira desse programa emergiu uma nova concepção de prazer e satisfação, bem como uma nova teoria sobre o que é um corpo. Seria preciso refazer a estética transcendental kantiana, com suas pressuposições sobre tempo e espaço, na formação de fenômenos. Seria preciso desfazer a oposição entre desejo e razão e a descontinuidade entre ciência e ética. Seria preciso criticar a prerrogativa do sujeito como instância de reflexividade, autodeterminação e simetria perfeita sobre o objeto. Seria preciso refundar o estatuto sensível do objeto como patologia da razão a partir de um reexame criterioso do estatuto da imagem e do estatuto inerte das categorias de entendimento. Tudo isso Lacan encontrará sobre os escombros de uma ciência malsucedida na modernidade, em uma estética alternativa ao Renascimento e no programa de uma ética trágica, fundada na linguagem e na negatividade. Tudo isso Lacan encontrará no barroco.

> De tudo que se desenrolou dos efeitos do cristianismo, principalmente na arte — é nisto que encontro o barroquismo com o qual aceito ser vestido — tudo é exibição do corpo evocando o gozo [...] é como os psicanalistas — os cristãos têm horror do que lhes foi revelado. E eles têm mesmo razão. Essa hiância inscrita no estatuto mesmo do gozo enquanto diz-mansão do corpo, no ser falante, aí está o que torna a brotar com Freud por esse teste [...] que é a existência da fala. Onde isso fala, isso goza. [...] O barroco é a regulação da alma pela escopia corporal.[1]

O barroco é a "vestimenta" do estilo lacaniano. Ele absorve dentro de si tanto a problemática das místicas medievais quanto a tensão entre a oralidade das populações colonizadas e a escrita dos povos colonizadores.

O barroco tem ligações históricas férteis com a tradição da negatividade, que se traduzirá pelo tema do horror e da escuridão, bem como do abismo da falta de sentido. Mas agora a negatividade se desdobrará nos temas da descontinuidade da figuração, do intervalo de gozo, da tensão entre corpo e carne, além da disputa metodológica sobre qual forma de exposição convém melhor à nova ciência. E como disso se depreenderia que, no barroco, as visões do corpo regulam a experiência amorosa?

A narrativa teológica de fato afirmará que as chagas e os sofrimentos do corpo são signos do amor divino. Mas a novidade trazida pelo barroco é que a forma como nós figuramos esse corpo é homóloga ao modo como dizemos nosso amor. Por exemplo, um corpo-boneca, um corpo-instrumento, pode ser o suporte figurativo necessário para que a mística traduza sua experiência sensível do desamparo e da passividade em uma forma de amor.[2] Isso permite que o prazer que acontece no corpo seja contraposto ao gozo da carne, vivida como corpo fora de si, como corpo do amado.[3]

Uma das imagens fundamentais do barroco é o relâmpago, cortando a acumulação da massa cinzenta de nuvens, que inspira certa atmosfera de recolhimento e pequenez. No intervalo entre a luminosidade do relâmpago e a sonoridade do trovão, encontra-se a dimensão propriamente humana da angústia. Como mais tarde o movimento romântico da Sturm und Drang (Tempestade e Pressão) vai mostrar, é nesse intervalo que nos sentimos desamparados diante da extensão insondável do mundo. Antes disso, é no páthos barroco do escurecimento e da iluminação que a cena do mundo se abre, causando surpresa e desconcerto, transpassando a fronteira de segurança que separa o palco da vida como comédia e representação do mundo, como experiência de acordar do sonho.

O relâmpago representa uma espécie de salto visual no abismo, conectando dois territórios não contíguos iluminados por um instante. O trovão que o sucede, depois de um hiato temporal, nos espreita com um intervalo de angústia, na espera indeterminada. Vem daí o grande tema poético, que reaparecerá em Victor Hugo, da centelha como imagem que simboliza a criação, a irrupção do novo, a aparição como corte e ruptura. A imagem da centelha será trazida por Lacan para explicar o movimento de indução da verdade em relação ao saber quanto às novas significações causadas pela metáfora: "Eis aí, sem dúvida, em torno da palavra 'saber', o ponto de ambiguidade no qual vamos hoje acentuar aquilo a que desde já sensibilizei seus ouvidos por diversos caminhos, trilhas, momentos de luz, relâmpagos de flash".[4]

De certa maneira o objeto *a*, que define o conceito de estilo, nesse momento é o nome dado para o intervalo entre saber e verdade, ou seja, para o que acontece entre corte e torção, a metáfora do relâmpago e a metonímia do trovão. Colunas barrocas são torcidas para criar a sensação de movimento ascensional. Imagens barrocas são torcidas para estimular a imaginação. A apresentação de conceitos é torcida para acolher o paradoxo, até mesmo a palavra poética é torcida até se deformar em outras palavras.

A ideia de torção, que remete à de verso, e a de corte são duas figuras dominantes no estilo de Lacan. O corte e a torção se apresentam também em duas alegorias fartamente empregadas por ele: a vida como sonho e a vida como teatro. Eles parecem complementar a grande alegoria do raio de luz. Ao contrário do raio, que segue uma única direção dos céus para a terra, o sonho pode nos levar a esse instante do despertar para a vida e para a realidade, ou nos fazer continuar dormindo, sem abrir os olhos, com as ilusões que criamos para nós mesmos. Assim como o modelo do corte entre relâmpago e trovão será usado para caracterizar o efeito que a interpretação deve causar no analisante, o modelo da torção será trazido para caracterizar a angústia, esperada na análise, quando passamos do palco para o mundo. A estética do corte e da torção se reapresentará na teoria lacaniana da história como escansão e queda do objeto.[5] A estética do contraste entre imagem e palavra, hiato entre pensamento e linguagem, passagem do finito ao infinito.

> Lamento, não há nada que eu possa fazer — meu estilo é o que é. [...] há também, nas dificuldades deste estilo [...] algo que corresponde ao próprio objeto que está em questão. [...] talvez haja necessidades internas de estilo que se impõem — a concisão, por exemplo, a alusão ou até a ironia [*pointe*], que são elementos decisivos para entrar no campo em que as funções da fala dominam não somente as avenidas, mas toda a textura. [...] Voltaremos a este ponto a propósito de um certo estilo que não hesitaremos em chamar por seu nome, por mais ambíguo que ele possa parecer, isto é, o maneirismo.[6]

Para os historiadores o maneirismo é pensado como um momento de crise terminal do renascimento, ou como um capítulo inicial do barroco. De toda forma, a técnica do maneiro sugere algo que todo leitor de Lacan deverá se acostumar a encontrar, a saber, a experiência do excesso.[7] Por vezes é um excesso dramatúrgico, que perturba o conceito com uma alusão enigmática ou com uma exemplificação demasiadamente longa e sem serventia aparente. Em outros casos parece ser um exercício para manter o leitor entre dois mundos, como aliás aparece na poesia metafísica de John Donne, tantas vezes citado por Lacan.

Quem acompanha as gravações que mostram Lacan em ação[8] fica impactado com sua entonação dramática, suas pausas inesperadamente longas, suas poses teatrais, seu modo exagerado de se vestir e até de torcer, barrocamente, o charuto. Comportando-se como um personagem no palco, criava pausas e silêncios suspensivos, carregava nos giros inesperados de discurso, nas precipitações inesperadas, nos trovões variando sua entonação. Ele enfatiza palavras de forma enigmática, sempre em tom de gravidade e desafio, cortado pela ironia. Muitas vezes o desenvolvimento de uma ideia parece atravessado por uma associação, como se outra voz emergisse, tornando o sujeito do enunciado um personagem de si mesmo; outras vezes podemos sentir o gosto pela iluminação de um achado, chistoso ou conceitual:

> Não há forma de estilo, por mais elaborada que seja, em que o inconsciente não abunde, sem excetuar as eruditas, as concettistas e as preciosas, que ele despreza tão pouco quanto o faz o autor destas linhas, *o Góngora da psicanálise*, segundo se diz, para servi-los.[9]

Como alguém percebeu recentemente, eu me alinho — quem me alinha? Será que é ele ou será que sou eu? Finura da alíngua — *eu me alinho mais do lado do barroco*.[10]

Historicamente o barroco surge como uma estética que tem pela frente três tarefas. Em primeiro lugar, criar uma linguagem capaz de combinar escrita, oralidade e imagem para incorporar e dialogar com as diferentes formas de vida encontradas, mundo afora, pelo processo colonizador europeu do século XVI. Em segundo lugar, representar uma resposta convincente e persuasiva da Contrarreforma católica à assimilação que os novos protestantismos europeus faziam da estética renascentista. Em terceiro lugar, reintroduzir temas negados historicamente pelo cristianismo ocidental, como o corpo, a sexualidade e a feminilidade, de modo a justificar a necessidade da crença. Lembremos que o século XVI se caracteriza pela emergência do ceticismo como atitude crítica em relação à possibilidade do conhecimento e ao fundamento de nossas crenças em geral. Diante da reforma protestante, que introduziu novas gramáticas de fé dentro da própria cristandade, diante da descoberta de novos povos, no Oriente, na África e na América, com sua variedade de crenças, e diante da descoberta de novos métodos que redefinem a certeza sobre o que sabemos e da autoridade da nova ciência, o barroco é a resposta católica, como linguagem capaz de incorporar incerteza, ilusão e alteridade de perspectivas, formulando um novo paradigma estético, moral e epistemológico.

Nesse sentido o barroco surge como uma estética da crise, que parece prosperar menos pelas respostas que traz do que pelo fornecimento de narrativas filosóficas, literárias, arquitetônicas e iconográficas que dão suporte para novas formas de vida baseadas na divisão, fragmentação e despersonalização. Novos usos do corpo,[11] novos tipos de solidão, isolamento ou intimidade, divisão entre vida privada e vida pública,[12] perda da segurança ontológica, crises identitárias de irreligiosidade.[13] Assim, o barroco consegue tematizar o paradoxo da moralidade relativa trazido pela ideia de que a contradição é condição da fé...[14] Como se o barroco pudesse perspectivar uma vida na qual a falta de sentido é possível, baseada em uma linguagem que busca ao mesmo tempo precisão conceitual e cultismo da forma irregular.[15]

Do ponto de vista das afinidades estilísticas, o renascimento está para Freud assim como o barroco está para Lacan. Se no renascimento as propriedades geométricas da luz permitiam representações perfeitas em perspectiva, no barroco é a própria luz que passa a ser o objeto central da pintura. O barroco substitui a visão linear, que percorre a disposição dos objetos na imagem, pela representação pictórica do olhar, que apreende o conjunto como uma totalidade. Em vez do plano único ou intercalado, valoriza o efeito de profundidade. Em vez da perspectiva uniforme, emprega recursos de iluminação para dar movimento e realidade dramática à cena.[16]

A torção cria um efeito de crueza dramática, que a representação perfeita e obediente às regras da perspectiva não conseguia. Torção e deformação nos aproximam melhor da realidade do que sua correta representação. A superioridade relativa do "saber barroco" sobre a "ciência renascentista" vai ao encontro do interesse que Lacan tinha, desde os anos 1930, pela estrutura das ilusões, sejam elas de ótica, ideológicas ou ainda modalidades clínicas de alienação. Para pensar rigorosamente o sistema de ilusões, a problemática da formação das imagens e a lógica da aparência, requeridos pela introdução do conceito de objeto *a*, entre 1960 e 1966 Lacan se deslocará para temas como o brilho, o *trompe-l'oeil*,[17] o abrir e fechar das pálpebras das esculturas budistas e a hipótese do fantasma como janela, moldura ou enquadre de onde o sujeito vê a realidade.

As telas do barroco europeu comentadas por ele, principalmente do barroco italiano e espanhol entre meados do século XVI e começo do XVII, têm em comum a captação do objeto *a*. Movimento, ilusão e luz são três condições que favorecem a colocação em jogo de um tipo de objeto cuja existência não é perfeitamente fenomenológica.

Por exemplo, *Eros e Psiquê* (1589), pintada por Zucchi, ou *O bibliotecário de Rodolfo II* (1562), por Arcimboldo,[18] se prestam a mostrar como os fragmentos de uma imagem podem se chocar com a sua totalidade, causando um estranho efeito de inumanidade. No primeiro caso nos parece que falta algo nos corpos enamorados de Eros e Psiquê, no segundo a face do imperador parece estar excessivamente ocupada por livros. Contudo, o objeto *a* não está nem nos livros nem nos corpos, mas no efeito de subtração ou de excesso.

Já no díptico *Santa Luzia* (1660) ou em *Santa Ágata* (1633), de Zurbarán, aparece o caráter destacável do objeto.[19] A tela de Zurbarán não deixa de acrescentar certa ironia à narrativa, pois mostra a santa em uma atitude insubmissa, entregando seus seios como que a representar a própria separação da qual seu algoz está alienado.

Quando lhes falei dos seios e dos olhos, a partir de Zurbarán, Luzia e Ágata, será que vocês não se impressionaram com o fato de esses objetos *a* se representarem ali sob forma positiva? Os seios e olhos que lhes mostrei, nos pratos em que as duas dignas santas os seguram, ou no solo amargo a que levam os passos de Édipo [...].[20]

Em *O sacrifício de Isaac* (1603), Caravaggio figura cena bíblica de Abrahão quando ele é instado por Deus a sacrificar seu filho Isaac. Quando o patriarca ergue a faca contra o filho, o Todo-Poderoso ordena que em vez de Isaac seja sacrificado um bezerro, doravante símbolo da aliança. A cena mostra a garganta do filho prestes a ser cortada pelo pai, mas o objeto não está nem na faca, nem no anjo, e sim no preenchimento que nossa própria fantasia faz da cena. Temos aqui o tema do sacrifício, do objeto *a* enquanto ponto mítico do objeto original de satisfação. Ele pode aparecer também como criança perdida, que um dia imaginamos ser para o narcisismo de nossos pais, neste caso o objeto estará envolto na angústia de castração.

Por fim, comentando o *Êxtase de S. Tereza*, de Bernini, Lacan aborda o objeto *a* como ponto de figuração da relação do sujeito com a infinitude. Aqui o objeto *a* aparece como limite, tanto para a representação, quanto para a linguagem, e ainda para o gozo.[21]

A torção é o sucedâneo visual do verso poético e do corte topológico. A deformação é o princípio de representação do objeto *a*, como paradoxo entre espaço e tempo. Dois procedimentos retóricos trabalham alternadamente no estilo de Lacan, como que a traduzir as deformações e torções do conceito: o *apólogo* e o *aforismo*.

O apólogo é uma pequena história, em prosa ou verso, que encerra alguma lição moral, geralmente por meio de uma imagem alegórica. Lacan usa o apólogo das aventuras de uma metade de frango para falar da divisão do sujeito;[22] o da competição de pintura entre Zêuxis e Parrásio para mostrar como a ilusão faz parte essencial de nossa apreensão do objeto a;[23] o do brilho da lata de sardinha boiando no mar para falar de como ver implica sempre se ver sendo olhado;[24] o dos hieróglifos no deserto para indicar a função invocadora da escrita;[25] o das crianças chegando de trem à cidade de "homens" e "mulheres" para indicar o valor posicional do significante;[26] o do vaso de flores na janela para explicar a diferença entre signo e significante;[27] o da criança como falo na boca da mãe jacaré para exemplificar as relações entre desejo e demanda;[28] o da alternativa entre a bolsa ou a vida para detalhar a escolha forçada envolvida no fantasma;[29] o da louva-a-deus gigante comedora de cabeça de machos para situar a angústia a partir do olhar do outro;[30] o do pote de mostarda para falar da Coisa como não identidade entre a falta e o vazio.[31] Em todos esses casos, trata-se de um experimento mental ou de uma situação que permite sintetizar a lógica aporética, contraditória ou equívoca de uma situação, ao modo de miniaturas de problemas clínicos.[32]

Os apólogos nos trazem situações indeterminadas, obscuras ou sem saída, nas quais somos levados aos limites do que podemos pensar sem ambiguidade e contradição. As máximas ou os aforismos criam um instante de certeza, clareza e determinação, que se mostram, em seguida, muito mais opacos e incompreensíveis do que pareciam. Os apólogos funcionam como oráculos em que temos as enunciações e nos faltam os enunciados que as esclarecem. Nos aforismos é o contrário: temos os enunciados, que funcionam como citações, mas nos falta o contexto de enunciação no qual eles se articulam com outros enunciados. "Amar é dar o que não se tem a quem não o quer", "Amo em ti algo mais do que tu", "O amor é impotente, ainda que seja recíproco, porque ele ignora que é apenas desejo de ser", "Cada um alcança a verdade que é capaz de suportar", "A verdade tem uma estrutura de ficção", "A mulher não existe".

Os apólogos mobilizam fabulações envolvendo animais e corpos, com constantes referências ao Real, ao passo que as máximas, quando não são de aspiração diretamente conceituais, remetem ao amor, aos impasses trágicos envolvendo a captura da verdade. Reencontramos, assim, o tema do abismo e da hiância, na sua versão barroca, como distância que separa o corpo do amor. As duas técnicas serão desenvolvidas no contexto da sermonística como parte da formação de uma memória espontânea à qual se poderá recorrer sem dificuldade diante das circunstâncias da vida. Em vez de incidirem como um recurso pacificador e reassegurado, elas funcionam como fórmulas que se fixam na memória, instigando o uso associativo da mensagem.

É possível que a prática dessas duas técnicas funcione também como uma espécie de preparação para o tipo de memória que o psicanalista acaba desenvolvendo depois de algum tempo de prática. Seria muito improvável que alguém conseguisse lembrar exatamente dos ditos de todos os pacientes após dias e anos de trabalho. Mas, quando um analisante entra em um tema, traz um sonho ou relata um apólogo cotidiano, é muito frequente que outras séries associativas, há muito desenhadas, reapareçam como um clarão na lembrança do psicanalista. Talvez seja por isso que Freud não recomendava escrever ou tomar notas durante a sessão. Isso certamente afeta a relação entre oralidade e escrita, trazendo impactos para o tipo de memória requerida na prática psicanalítica. Na nossa cultura, escrever é um recurso para não precisar lembrar, como se a escrita funcionasse feito uma memória externa. A privação do recurso ao dado em forma de registro inerte parece coerente com o tipo de compressão e seleção de lembranças necessárias para a direção da cura. Inversamente, as formas literárias do apólogo e da máxima, até mesmo por seu desenvolvimento histórico e sua função de fixação entre as mnemotécnicas da Antiguidade, preenche perfeitamente o regime de redução simbólica ou sintética que se espera no decorrer do tratamento psicanalítico.

Mas a técnica barroca mais estudada por Lacan, tomando por suporte a pintura, é a anamorfose. Nesse instante de congelamento e intensificação da ação, os diversos pedaços da peça, até então dispersos entre si, se reúnem em uma imagem fulgurante. E esse efeito teria sido produzido pelo que Lacan chama de cilindro anamórfico da tragédia.

Na pintura o cilindro anamórfico consiste em um tubo espelhado que, quando é colocado no centro de uma superfície plana, faz aparecer uma imagem unificada onde antes só se podiam perceber borrões dispersos. Na literatura a anamorfose acontece, por exemplo, quando o texto distribui diferentes fragmentos da história que são depois reunidos por uma única cena ou imagem esclarecedora — como em Antígona.

O resultado dessa aparição da imagem unificada é chamado também de *insight*, termo de amplo emprego na psicanálise para designar os efeitos, no paciente, de uma interpretação bem-sucedida. Temos então três procedimentos barrocos para lidar com a produção controlada de ilusões: o *espelhamento*, pelo qual passamos de um registro a outro; a *iluminação*, pela qual afetamos a composição da imagem; e a *perspectiva*, pela qual coordenamos a posição do sujeito em relação ao objeto. As noções de *torção perspectiva*, derivada da geometria projetiva, e *deformação metódica*, decorrente das técnicas de anamorfose, são decisivas para o desenvolvimento da crítica lacaniana do conceito de objeto.

A dedicação de Lacan às produções barrocas parece menos o exercício de uma leitura psicanalítica de obras do que o enfrentamento de um problema de largo impacto para o estilo, a saber, o problema da figuração. Quando usamos a expressão "linguagem figurada", aludimos ao fato de que textos produzem imagens, e isso não acontece só porque suas letras possuem um suporte gráfico visível. Inversamente, a leitura de imagens convoca códigos que podemos associar com sistemas de escrita. O problema da figuração já havia sido enfrentado por Freud quando, na *Interpretação dos sonhos*, ele postulou o conceito de consideração de figurabilidade (*Rücksicht auf Darstellbarkeit*) para explicar como os pensamentos oníricos se comprimem, originando imagens que podem ser lidas como parte de sistemas de escrita. Para Lacan, não se trata de como a linguagem verbal se liga com a linguagem de imagens, conforme o tema conhecido da écfrase, mas de como, sob determinadas circunstâncias, certas imagens criam um descompasso de sentido ou impropriedade semântica em relação ao uso ordinário ou convencional da linguagem, de acordo com o princípio da retórica barroca, *ut pictura poesis* ("assim como na poesia, na pintura").[33]

Nosso olhar e nossa escuta normalmente ligam as palavras, sejam elas concretas ou abstratas, a presenças sensíveis, sejam elas acústicas, imagéticas ou táteis. Mas existem usos de linguagem, por exemplo o refrão musical, que têm por efeito instabilizar essa relação, produzindo uma espécie de confusão lexical, criando um mundo comum não a partir da semelhança convencional entre imagem e palavra, mas da incompreensão comum, gerada pela mistura de gêneros, pela forma indefinida, pelo engano na relação entre leitura e escuta.[34]

As duas análises mais minuciosas que Lacan fará de telas barrocas — *Os embaixadores* (1533), de Holbein, e *As meninas* (1656), de Velázquez — exploram problemas de figuração como homólogos ao que o sujeito dividido enfrenta diante das deformações de figuração do objeto, no interior da lógica da torção, própria do fantasma. A perspectiva nos dá os três sentidos históricos da torção do sujeito (como tema, como autor e como espectador); deformações figurativas como a anamorfose e as ilusões óticas mostram como a organização geométrica da imagem não é idêntica ao Imaginário; finalmente, a projeção indica como a imagem "pensa" a partir de formas simbólicas, tais como o ponto de vista, o ponto de fuga e a distância.[35]

Os historiadores da pintura que abordam os séculos XVI e XVII logo se deparam com a seguinte questão: no curto espaço de trinta anos observou-se um abrupto salto de qualidade na precisão de figuração, fenômeno que ocorre justamente na transição do renascimento para o barroco.

A representação geométrica, solar e cartesianamente perfeita das praças renascentistas nos coloca na posição de observador distanciado, ao passo que a representação torcida, escurecida e pascaliana, cheia de truques visuais e perspectivas em anamorfose, do barroco nos traga para dentro da imagem, como se estivéssemos participando da cena. Tudo se passa como se os primeiros pintassem as figuras conforme *sabemos* que elas são, enquanto os segundos pintam como nós efetivamente as *vemos*. Como se a representação mental que temos do objeto atrapalhasse a experiência do olhar. Essa diferença pode ser transposta para a perspectiva do fantasma neurótico, na qual ver e olhar divergem, mas são conectados por uma unidade sintética. O objeto *a* é justamente o que colocamos nesse intervalo entre visão e olhar, entre ouvir e escutar, entre tocar e ser tocado, por isso suas imediações se apresentam afetivamente pelo efeito de angústia, fascinação e estranhamento.

Os embaixadores é uma tela gigante pintada por Holbein[36] e hoje exposta na National Gallery em Londres, servindo de capa ao Livro 11 do *Seminário*, *Os quatro conceitos fundamentais da psicanálise*. Nela há detalhes de precisão inconcebíveis para os renascentistas. A primeira leitura sugere que se trata da figuração do indivíduo burguês representado pelo embaixador francês na Inglaterra, Jean de Dinteville. A figura religiosa à direita, Georges de Selve, bispo de Lavaur, indica que ele domina inclusive a religião. Ele é dono de instrumentos científicos como compasso, globo e sextante de navegação. Também é proprietário dos meios do saber artístico e cultural, como atestado pela viola da gamba e os livros.

Hans Holbein, *Os embaixadores*, 1533 (óleo sobre madeira, 207 × 209,5 cm. National Gallery, Londres).

A precisão da imagem foi obtida graças a um dispositivo óptico conhecido como câmara clara, que envolvia um espelho côncavo em associação com lentes de aumento, resultando em projeção real de uma figura.[37] Assim, o que estamos avaliando quando comparamos renascentistas e barrocos é a diferença entre pintores capazes de desenhar segundo a geometria perspectiva mas pintar a olho nu e pintores que, na verdade, preenchem com tinta uma imagem projetada sobre tela.

Quando iluminamos *Os embaixadores* mais de perto, aparecem certos detalhes, como pequenas torções e deformações perspectivas. A palavra *Affrica* escrita com detalhamento milimétrico na superfície do globo apresenta uma leve perturbação de alinhamento. Também as paralelas dos desenhos do tapete central são imperfeitas. São resíduos decorrentes do uso da técnica anamórfica em objetos de escala muito grande. O mesmo dispositivo que permite a reprodução projetiva perfeita pode ser usado para criar deformações, basta manusear o espelho de forma a tirá-lo do ângulo ideal, por exemplo, ou afastá-lo ou aproximá-lo do modelo. Hans Holbein, o Jovem, inseriu um *memento mori* no quadro ao colocar, logo aos pés do embaixador e do bispo, uma caveira deformada pela anamorfose. A caveira só pode ser percebida por um observador posicionado de forma perpendicular ao quadro: no ângulo lateral, que se oferece espontaneamente quando a pessoa está deixando o recinto de exposição, aquilo que na perspectiva frontal era visto como uma mancha esbranquiçada surge como uma caveira perfeitamente delineada.[38] No entanto, agora o resto da tela aparece deformado para o observador. Disso emerge uma outra leitura do quadro: "Você que se vê diante do espelho como um homem rico e poderoso, dono de saberes e terras, você não percebe que seu sucesso e seu orgulho são pura vaidade passageira (*vanitas*), porque um dia você vai morrer como todos nós".³⁹

> Holbein nos torna aqui visível algo que não é outra coisa senão o sujeito como nadificado — nadificado numa forma que é falando propriamente, a encarnação imajada do menos-fi (– φ) da castração, a qual centra para nós toda a organização dos desejos através do quadro das pulsões fundamentais.⁴⁰

O comentário sobre *Os embaixadores* mostra o funcionamento articulado das três funções do fantasma: a *projeção especular* entre o sujeito que vê o quadro e o quadro que olha para ele; a *deformação em anamorfose* do objeto que ele vê, mas não olha; e a *negação recíproca das perspectivas*. No fantasma se sobrepõem uma perturbação da imagem, um hiato de significação e um vazio na distância entre sujeito e objeto.⁴¹

No estudo sobre *As meninas*, de Diego Velázquez,⁴² novamente estamos diante de uma obra de proporções majestosas.⁴³ Enquanto Holbein se inscreveu em seu quadro por meio da figuração de uma caveira, Velázquez representa a si mesmo pintando uma tela, cujo objeto não sabemos qual é. Mas olhando o espelho disposto logo atrás e à esquerda do pintor podemos ver o reflexo dos dois monarcas de Espanha, Felipe IV e Maria Ana. Pode ser que ele esteja pintando a infanta Margarida Teresa, situada no centro da tela, formando um círculo com damas de companhia e um pajem, alguns anões; há um cão posicionado à frente no canto direito. Se em *Os embaixadores* achamos que o tema (*sujet*) do quadro é a glória do indivíduo, soberano e sujeito (*sujet*), quando na verdade é sua vaidade, aqui não sabemos afinal quem é o objeto do quadro dentro do quadro: Velázquez, os reis, a infanta, seu primo ou nós mesmos?

Talvez todos esses personagens sejam versões de um mesmo sujeito fracionado, à espera de um cilindro anamórfico que o unifique. A combinação de perspectivas aproveita-se da ambiguidade do próprio termo *sujet*, que indica tanto estar submetido e ser objeto de um assunto ou tema, quanto o sujeito como indivíduo agente. Essa não é só uma ambiguidade semântica do significante, também remete à história do próprio conceito de sujeito, que reúne duas acepções diversas:

1. Sujeito, em sentido filosófico e científico, como atributo universal dado, que se realiza em pessoas específicas sob determinadas condições.
2. Sujeito, em sentido antropológico e psicológico, que sob certas circunstâncias adquire a condição de sujeito.

Temos aqui a presença de *várias perspectivas* conjugadas para definir o lugar e a distância onde o sujeito deve se posicionar. Mas cada uma delas funciona à base de um pequeno truque. Por exemplo, o tamanho da imagem do casal real, que aparece no espelho atrás de Velázquez, se posto em justa proporção colocaria essas figuras dentro do quadro, e não no lugar do observador. A distância entre nós e os reis é apagada pela *projeção* fantasmática.

A figura iluminada no centro da tela, envolta por serviçais e acompanhantes, é a infanta Margarida, que deveria posar para o pintor mas está de costas para ele, sugerindo que ou a

Diego Velázquez, *As meninas*, 1656 (óleo sobre tela, 318 × 276 cm. Museu do Prado, Madri).

cena da pintura se interrompeu, ou a pintura não se iniciou, ou a menina não é o objeto da pintura. Corrobora essa ideia o fato de que nesse círculo central composto das meninas os olhares não se encontram.

A menina que oferece um copo vermelho para a infanta — que parece alucinada,[44] olhando para o vazio — é María Sotomayor. A outra acompanhante da princesa é d. Marcela de Ulloa, que fala com um guarda não identificado. Maria Bárbola, alemã, com acondroplasia, olha de modo disperso. Nicolas Pertusato, também anão e italiano, brinca de importunar o cão mastim inglês que está dormindo aos seus pés. Cada qual está encerrado em seu próprio personagem, posando para o olhar do Outro. O conjunto está bem iluminado, mas a distribuição da luz denuncia que não estão todos enquadrados pela mesma perspectiva. Isso acontece porque o centro da tela foi deformado *anamorficamente*.

Vale notar também que na parede ao fundo podemos ver vários quadros que aludem à repetição e transformação pela imagem: *Pallas e Aracne* (1620) e *Apolo e Pan* (1630), ambos cópias de pinturas de Ticiano, feitas por Peter Paul Rubens e recopiadas por Velázquez.

Seguindo por essa parede até o canto direito da tela, chegamos na porta entreaberta onde está Nieto Velázquez, guardião da rainha, chefe das tapeçarias reais e parente distante do pintor. Não sabemos se ele está subindo ou descendo as escadas. Não sabemos se o pintor no quadro está terminando ou começando sua obra. Não sabemos se a serviçal da infanta está fazendo uma mesura de chegada ou de despedida. Ou seja, a tela capta o instante de um filme cuja narrativa nos escapa.

O hiato entre perspectivas, ocultado em *Os embaixadores*, pode ser figurado em *As meninas* por meio do congelamento de uma imagem que nos faz intuir o curso de um movimento.[45] Esse efeito da tela dentro da tela, do teatro dentro do teatro (*Hamlet*) ou do romance dentro do romance (*Dom Quixote*).

Dessa maneira, temos dois tipos de engano para o olhar: a sobreposição de *perspectivas* e a *anamorfose* produzida pela luminosidade descompassada. Esses dois pontos de invisibilidade são escondidos pela profundidade projetiva e reflexiva causada pelos espelhos:

> O jogo da representação consiste em conduzir essas duas formas de invisibilidade uma ao lugar da outra, numa superposição instável — e em restituí-las logo à outra extremidade do quadro — a esse polo que é o mais altamente representado: o de uma profundidade de reflexo na reentrância de uma profundidade de quadro.[46]

Ao que Lacan responderá: "Assim como em *As fiandeiras* e o *Retrato do papa Inocêncio X*, os personagens de Velázquez estão piscando, como se no intervalo do olhar estivesse a verdade da representação".[47]

Hegel, o último barroco

O problema barroco dos modos de figuração e o tema maneirista das deformações se encontrarão com a tradição mística da negatividade na obra daquele autor que mais influenciou Lacan depois de Freud: Georg Wilhelm Friedrich Hegel.

Seja por desempenhar um papel-chave na sua formação filosófica,[48] seja pela sua ontologia negativa,[49] seja pela sua estilística,[50] Lacan herdou de Hegel o projeto de constituir uma ciência do Real.[51] Baseada na crítica dos conceitos e na formulação de uma nova lógica, reunindo tendências historicamente contraditórias das figuras da consciência (sujeito) e dos modos de aparição do mundo (objeto), Hegel trouxe para a estilística lacaniana a ideia de que todo novo saber precisa de uma nova linguagem.

Desconhecer a história e o próprio pertencimento do estilo à história é um erro típico daqueles que querem construir léxicos filosóficos estáveis e fixos, com sentidos claros imutáveis. Contra isso, Hegel critica o excesso de confiança em categorias, classes e conceitos desprovidos de seu movimento e subalternizados a suas representações convencionais, exemplos normativos e consensos impostos à força. Ele pratica um método que é congruente com essa expectativa, envolvendo a produção contínua de novas palavras e de jogos de linguagem. Trocadilhos e neologismos inventam assim um alemão hegeliano, que se pode entender pela fluência e pela entrada em sua constelação de termos, mais do que pelo acesso ao dicionário. Usando significantes de modo obscuro e onírico, modificando o sentido do conceito, sem avisar ao leitor, Hegel, assim como Lacan,[52] torna-se intraduzível.

> Ora, que espaço e tempo não sejam conceitos empíricos — é nesse gênero de formas bárbaras que Kant fala constantemente; o conceito não tem nada de empírico. [...] Eu é o sujeito transcendental vazio de nossos pensamentos, mas ele só é conhecido

por seus pensamentos: mas o que ele é em si não podemos, partindo daí, ter o mínimo conceito.[53]

Lembremos que Hegel procurava reabilitar o método especulativo e que esse método se apoia no espelhamento, ou seja, nas inversões entre conceitos, até que a oposição se mostre uma identidade. Vindo de uma forte tradição protestante, Hegel pretendia recuperar o ponto de vista da universalidade em um momento de proliferação de particulares religiosos, linguísticos, sociais e estéticos. Assim como Lacan, sua estratégia para desestabilizar o léxico e o vocabulário da língua correu o risco de ver a sua própria estilística transformada em padrão de uniformidade. Em vez de limitar o sentido de sua filosofia em um código técnico, que exigia usuários especializados, como ele via acontecer com o pensamento de Kant, ele escolhe o uso criativo da língua. Em vez de fixar seu destinatário nos termos eruditos de seu próprio momento histórico, Hegel, como Lacan, recorre a usos passados do idioma e a neologismos que poderão ser incorporados à língua no futuro. Por isso também seu hibridismo de referências, a deriva semântica dos termos e a parasitagem irônica que aproximam seu estilo da língua falada e das contingências da situação de enunciação e uso.

Para o autor de *Ciência da lógica*,[54] leitor da tradição mística alemã, conectivos são deformados. Por exemplo, a expressão "ser para os outros" (*sein für anderes*) é revertida em "outro-ser" (*Andersein*, em vez de *anders sein*). A expressão "ser para si" (*bei sich sein*) se transforma em "ser em si" (*an sich sein*). Particularmente perturbador é o uso constante do genitivo para indeterminar quem é o agente da ação e quem sofre a ação. Por exemplo, quando digo "Esse é um sonho de criança", estou me referindo a um sonho típico das crianças ou a uma criança que é, ela mesma, um sonho? Em 1958 Lacan faz uma conferência no Instituto Max Planck de Munique intitulada "Die Bedeutung des Phallus", expressão que pode ser lida de duas maneiras: como "A significação produzida pelo falo" (com o *des* no genitivo subjetivo) — em que é o falo que exerce a ação de falicizar a significação — e como "A significação que é fálica" (com o *des* no genitivo objetivo), em que é significação o agente da ação atribuindo falicismo ao significante falo. Por exemplo, no caso do Homem dos Ratos (*Rattenmann*), pelo genitivo subjetivo o significante *rato* é equivalente do falo. Isso significa que onde há ratos (*Ratten*) há significação fálica, como em casamentos (*Verheiraten*), conselhos (*Raten*), enigmas (*Rätsel*) e na ação de adivinhar (*erraten*). Se tomamos a expressão pelo genitivo objetivo, é a significação que faliciza o significante, o que quer dizer que onde há significação ela pode ser expressa na moeda dos ratos: se a sessão custa tantos florins, isso equivale a tantos ratos.

Classes gramaticais variadas se tornam substantivos: o eu (*das Ich*), o ser (*das Sein*), o ser-aí (*Dasein*), a essência (*das Wesen*). Reencontramos aqui a tensão permanente entre sentido literal e figurado, entre conceitual e poético, entre denotação e conotação. As múltiplas camadas ou planos de sentido de um conceito não se dispõem como um círculo (aparência) e um ponto central (essência), mas como uma elipse que se movimenta entre dois polos: a "verdadeira objetividade [que] une o subjetivo e a coisa da exposição de *tal* modo que os dois aspectos não conservam mais nada de estranho um ao outro só ocorre nesse terceiro momento que sintetiza a maneira e o estilo, qual seja, o momento da originalidade".⁵⁵

O texto de Hegel é atravessado por neologismos, que são proposituras de ocasião ou quase conceitos. São como achados da língua, que ora se firmam, ora desaparecem. Muitos deles são formados de modo retórico ou etimológico, como *Anschauung* (visão próxima) ou *Aufhebung* (de *aufheben*; negar, elevar e conservar). Conceitos são submetidos a leituras literalizantes, como *Urteil* (juízo), que é também literalmente o corte (*Teil*) originário (*ur*). O discurso é quase sempre no presente. As preposições e advérbios assumem funções lógicas, como em aqui-junto, não-apenas, não-sem, de tal modo que a leitura exige uma certa memorização dos usos e a captura dos momentos decisivos de virada no texto.⁵⁶

O barroco hegeliano seria a arte de combinar objetos de maneira imprevista do ponto de vista moral e científico.⁵⁷ Característico dessa combinação é que ela desafia o humor e não se deixa decifrar prontamente. Nesse sentido, a disciplina barroca demanda suspendermos a primeira reação, que nos dá o sentido imediato, e nos convida a olhar uma segunda vez para a montagem de objetos. Encontramos assim correlatos discursivos dos hiatos, das torções, das inversões de perspectivas e das anamorfoses que descrevi nas análises lacanianas das telas barrocas.

Há uma série de procedimentos discursivos em Hegel que encontram homólogos perfeitos no estilo de Lacan. Hegel transforma artigos, pronomes e preposições em conceitos, por exemplo: o termo "em-si" (*An-sich*) é originalmente uma construção preposicional, mas em Hegel refere-se ao conceito de algo em seu estado puro, antes de se manifestar ou ser reconhecido. No "para-si" (*Für-sich*), uma preposição se combina com um pronome reflexivo e designa a consciência que retorna para si e se reconhece como tal. Outro caso é o "Isso" (*das Dieses*), que aparece na *Fenomenologia do espírito* para discutir a imediatez da experiência sensível e sua natureza fugidia, o que em Lacan resultará no *Ça parle* (Isso fala).

Substantivação ou hipóstase de verbos no infinitivo, como de "saber" para "o saber", de "ser" para "falta-a-ser" (e daí para "fala-ser") ou "ser-falante" (*parlettre*). Temos também o caso mais simples da fusão de substantivos, como em "*varité*" combinação de verdade (*vérité*) e variedade (*variété*). Exagero do genitivo, conforme vimos acima, para induzir indeterminações, como "discurso que não fosse *do* semblante" e "discurso *da* histeria". Transformação de conectivos em funções lógicas, como "pelo-menos-um", "não-sem" e "não-todo". Hegel e Lacan praticam, portanto, versões do método barroco de torção das palavras, assim como o método maneirista.[58]

Tudo isso acontece em meio a uma estratégia generalizada de negatividade. Por exemplo, depois da descoberta do objeto *a*, ele é empregado como sufixo em uma série de termos, como "alíngua" (*lalangue*), "acoisa" (*lachose*). Hegel e Lacan podem tomar uma expressão prosaica e do senso comum para elevá-la ao estatuto de conceito, como na *Verwerfung* freudiana transformada em "foraclusão" por Lacan.

Finalmente, ambos propõem a ambiguação, no limite de seu contexto de uso, como parte da determinação de novos conceitos, por exemplo a escansão da noção de gozo (em francês *jouissance*) para "eu ouço" (*je oui sens*) ou para "gozo-sentido" (*joui-sens*). Multiplicando achados poéticos, constelações de uso local, ironias e ressonâncias semânticas,[59] encontramos, em Hegel e em Lacan, o programa da criação de uma língua própria. Isso é ao mesmo tempo um modelo de programa estético que comporte a poesia e uma epistemologia da ciência, no sentido sério do termo.[60] Enquanto a epistemologia renascentista e sua nova ciência, de Copérnico, Galileu e Kepler, parte da verdade, fazendo verificações sistemáticas e controladas para averiguar sua potencial falsidade ou imprecisão, a epistemologia barroca parte do erro e, por negação do que sabemos falso, ilusivo ou mentiroso, mas igualmente por aproximações sucessivas, tenta chegar à verdade.

Podemos tomar vários títulos da última fase dos seminários de Lacan para exemplificar esse uso hegeliano-heideggeriano-joyciano da linguagem. Por exemplo: *Les non-dupes errent* (Os não-tolos erram), de 1973-4, pode ser lido homofonicamente como *Les noms-du-père* (Os nomes-do-pai), ou ainda *Les nons du père* (Os nãos do pai). Aqui se percebe como a decisão de sentido depende da relação entre escrita e fala. Esse também é o caso do seminário sobre *O sinthoma* (*Le Sinthome*), de 1975-6, em que a diferença entre oral e escrito ocorre em torno da introdução de um "h" que não se pronuncia e que remete o termo ao francês antigo.

O seminário chamado *L'Insu que sait de l'une-bévue s'aile à mourre*, de 1977-8, é um desafio hermenêutico. Uma tradução literal poderia ser: *O insabido que sabe de um equívoco que se passa por jogo*.[61] Se você prefere uma tradução mais conceitual, essa poderia ser *O insucesso do inconsciente é o amor*.[62] Mas está disponível ainda *O malsabido de um fora se joga no amor*.[63] Ou seja, o título do seminário, como tantas outras fórmulas lacanianas, combina apólogo com aforismo.

Nesse título encontramos uma figura de linguagem rara chamada anfiguri: um texto premeditadamente desconexo e ininteligível, em geral em linguagem burlesca, ironicamente elevada ou paródica é proposto como um desafio de leitura. O anfiguri é um procedimento de figuração inverso ao rébus. No rébus combinamos o uso de imagens ilustradas com letras individuais para representar palavras ou frases, por exemplo: [sa] + [imagem de um pato] = sapato. No anfiguri temos palavras que não sabemos se devem ser lidas juntas ou separadas de outras, criando nonsense e contrassenso, geralmente para atacar a imagem de um autor rival.[64] Os poemas satíricos barrocos do período gongórico recorrem frequentemente ao anfiguri.[65] Vejamos como as expressões que compõem o título do seminário de 1977-8 induzem a equívocos semânticos, ambiguidades gramaticais e contradições lógicas:

1. *L'insu*: o termo parece derivar da expressão *à l'insu*, que significa ignorante, tolo ou "pato" (*dupe*). Se enfatizamos a ideia de *saber*, podemos antecipar que o conjunto da expressão deve ser lido como "O insabido (*l'insu*) que sabe (*que sait*) é o tropeço (*l'une-bévue*) que faz amor (*s'aile à mourre*)".
2. *Que sait*: termo que parece deformação de *l'on sait*, ou seja, ciente, "que se sabe". Reunido ao termo anterior, sugere a ideia de "insabido que se sabe insabido", versão plausível da douta ignorância. *O saber que não se sabe*, como definição do inconsciente, e *o não-saber que se sabe* formam assim uma contradição. Se reunimos *L'insu* com *que sait*, escutamos *insuccès* (insucesso), induzindo a conclusão de que o "O insucesso (*l'insu que sait*) do inconsciente (*de l'une-bévue*) é o amor (*s'aile à mourre*)".

3. *De l'une-bévue*: significa "de um equívoco", "de uma gafe", "de um tropeço" (*une-bévue*). Observemos que há uma homofonia entre a expressão francesa *une-bévue* e a palavra alemã *Unbewusst* (inconsciente). Lacan trata um advérbio (*unbewusst*) ou um substantivo (*das Unbewusst*) em alemão como um substantivo em francês (*une-bévue*). O *unbewusst* (inconscientemente) como negação da consciência (*Bewusstsein*) não é o *das Unbewusste* (o inconsciente) como substantivo e instância psíquica descrita por Freud. Todavia, a torção figurativa imposta por Lacan ao termo *une-bévue* (uma bobagem) consegue captar algo que se perde na tradução de *Unbewusste* por *inconscient*, no francês, que é a presença do verbo *wissen*, que em alemão quer dizer "saber". Note-se ainda que o radical alemão *be-* indica reflexividade, e poderíamos traduzir literalmente consciência por "saber de si" ou por "saber consciente de si". Pela sua negação chegamos a *das Unbewusstsein* (a inconsciência). Curiosamente, essas são as três figuras da consciência em Hegel: a consciência de si (*an sich*), a consciência para si (*für sich*) e a autoconsciência (*Selbsbewusstsein*). Resta o problema de que o verbo *sein*, presente tanto em consciência (*Bewusstsein*) quanto em inconsciência (*Unbewusstsein*), remete ao verbo ser (*sein*, em alemão; *être*, em francês). Em português o verbo ser abarca tanto ser quanto estar, e ainda o tornar-se (no sentido de vir-a-ser). Aqui a antiga acepção romano-germânica do verbo extinto *bewiessen* vem em nosso auxílio, pois ela refere-se mais à dimensão do *estar consciente*, no sentido de ciente, cônscio ou orientado, do que à dimensão do ser (ser sábio e ciente de si), como a expressão "saber de si" convida tão fortemente.

Se escolhemos fazer de *l'une-bévue* a dominante na determinação do sentido, chegamos à fórmula geral de que "O saber que não se sabe (*l'insu* com *que sait*) é o *Unbewusst*, como tropeço da consciência, do saber e do ser (*l'une-bévue*) que leva ao amor (*s'aile à mourre*).

4. *S'aile à mourre*: pode ser uma deformação da expressão *c'est l'amour* ("é o amor"), mas também uma alusão ao muro (*la mur*) da linguagem. Pode ser uma referência ao jogo de murra (*mourre*), semelhante ao nosso jogo infantil pedra, papel e tesoura, ou ainda uma ambiguação com a morte (*ce la mort*). Se apostamos que o significante decisivo é *s'aile à mourre*, chegamos a uma tradução como "O insucesso do insabido que sabe (*l'insu que sait*) do embuste (*l'une-bévue*) ao mar se joga".⁶⁶ Neste último caso aproveitamos também o fato de que o jogo de murra envolve apostas sucessivas sobre quantos dedos serão colocados pelos contendores, portanto, o que nos remete ao jogo, aposta ou risco que está envolvido na tradução deste anfiguri lacaniano.

Chegamos então ao obstáculo, quase incontornável para alguém que não seja exímio falante do francês, que é apreender o estilo lacaniano em sua enorme dependência da língua francesa. Daí a importância de entender sua lógica de produção e sua função, tanto expositiva quanto filosófica. Lacan — como Hegel no século XIX, como o barroco no século XVII e como as místicas no século XIII — criou um idioma próprio. O anfiguri, no seu conjunto, traduz a ideia de movimento de decifração e jogo de produção de sentido. Nele as relações entre significante, significado e conceito estão submetidas ao problema das diferentes figurações. Quando Lacan propõe enigmas desse tipo, ele não está sugerindo apenas que a formação dos analistas requer certa erudição, ou que nossa escuta seja uma variante da filologia, mas que para escutar melhor nossos analisantes precisamos estar acostumados aos exercícios de torção e variação de perspectivas que eles efetivamente promovem em seus sintomas enigmáticos, seus apólogos de advertência ou inibição e suas angústias concentradas em máximas. Vemos assim como na clínica psicanalítica a prática da escuta significante, da leitura da letra e da figuração do conceito é decisiva para a reversão dos sintomas, a travessia da angústia e queda das inibições.

A língua não é apenas um sistema formal de oposições, funcionando logicamente com categorias estáveis, mas é um organismo vivo, que se transforma à medida que é falada ao longo do tempo. Os conceitos que ela habilita formar e esquecer dependem do uso, das transformações sociais e das mutações subjetivas que a história produz. Portanto, a melhor maneira de demonstrar o caráter barroco e maneirista do estilo de Lacan é por meio não dos seus comentários sobre obras ou de suas declarações de fidelidade a gêneros estéticos, mas do seu manuseio prático do saber da língua, cujo caso paradigmático são os neologismos.

Podemos dividir os 789 neologismos até agora encontrados no ensino de Lacan[67] em quatro grupos, em função do que vimos até aqui sobre a estilística barroca e sua relação com o problema do objeto e no fantasma.

Em primeiro lugar há o grupo dos neologismos que decorrem do estilo de criação psicótica, produzidos para indicar objetos no mundo para os quais ainda não há significação compartilhada possível, cuja autorreferência aponta para *o autor, ele mesmo*. Nesse caso, há uma espécie de insuficiência, autorreferencialidade e espelhamento do significante que parece induzir sentidos que seriam exclusivamente endereçados àquele sujeito. São como palavras-chave que permitem integrar uma série de fragmentos sem sentido em uma unidade de significação delirante.

Nos escritos de Aimée (a paciente acompanhada por Lacan em sua tese de doutorado), há neologismos como *aiguade*, *aka*, *anatidé*, *annuiter*, *bituminé*, *boutis*, *brâlis*, *chartil*, que adquiriram valor diagnóstico para depois podermos destacar as apresentações de pacientes, em que se discutiu a emergência de neologismos como *galopiner*, criado como uma alucinação verbal para designar "alguém que vem do salsicheiro". Na análise da autobiografia de Daniel Schreber, Lacan confere muita atenção às palavras da língua fundamental (*Grundsprache*). Quando lê James Joyce, captura seus neologismos translinguísticos como um trabalho de sutura capaz de proteger o escritor da loucura.

O segundo grupo de neologismo refere-se a torções do significante que alteram sua função ou categoria gramatical conforme *o Outro ao qual nos dirigimos*, por exemplo nomes próprios tomados como adjetivos ou escansões que revelam etimologias retóricas, como nas deformações barrocas por meio das quais Lacan extrai um uso lúdico ou crítico, irônico ou satírico da linguagem. Inclui-se aqui a invenção da sigla SAMCDA (Sociedade de Assistência Mútua contra o Discurso Analítico).[68] Temos também a alegoria dos tipos psicanalíticos, como os sapatinhos apertados (alunos principiantes que têm que se conformar com as regras das instituições psicanalíticas), as suficiências (aspirantes a psicanalistas que se colocam como mestres burocráticos das instituições) e as beatitudes (psicanalistas consagrados que são venerados como autoridades inquestionáveis).[69] Noutro exemplo, quando o sr. Flacelière impediu que usasse uma sala na Escola Normal Superior para continuar seu seminário, Lacan se referiu a ele como sr. Flatulencelière (sr. Flatulência). As publicações universitárias massivas e de qualidade duvidosa são chamadas por ele de publica-lixo (*poubellication*). O crítico literário Jean Paulhan praticava o *paulhânerie*. Marx falava em mais-valia (*Mehr-wert*), que Lacan leva a *Marxlust* (Marx-valia) e depois à *plus-de-jouir* (mais-de-gozar). A arte de agir como o personagem shakespeariano Hamlet é a *hamlétique*. Uma psicose ainda não desencadeada é uma "psicose lacaniana". Um problema abordado segundo o método do matemático Georg Cantor dá margem a uma *cantorisation*. Como Hegel, Lacan cria expressões adjetivas ou verbais não dicionarizadas, mas que representam um ganho de rigor ou precisão semântica, tais como *analisant* (analisante ou psicanalisante, em vez de paciente), *objectivant* (excesso de objetivação), *egomorphique* (egomórfico), *connaturalité* (conaturalidade) e *co-naissance* (que nasce junto com), *stupidification* (estupidificação), *s'oupirer* ("pioramente", "suspiriosamente").

O terceiro grupo de neologismos é composto da proposição de novos conceitos, alguns deles bem-sucedidos, outros de vida efêmera. Nesse caso os neologismos criam ou distinguem *novos objetos*, ou nomeiam experiências antes indiscerníveis. Usualmente deformam conceitos psicanalíticos, assimilando-lhes o espírito de antítese, contraste ou contradição. Nesse grupo encontramos, em geral, famílias de neologismos, nas quais um deriva do outro, como que a figurar um novo plano de relações que subjaz o novo conceito. É o caso de *extimité*, combinação entre exterioridade (*extériorité*) e intimidade (*intimité*), que nos ocorre sentir diante da angústia. Para pensar a ética da psicanálise, Lacan propõe a ideia de entre-duas-mortes (*entre-deux-morts*). E para o órgão no qual a libido circula, ele cria a expressão *lamela*.

Para designar o fator indutor da metáfora paterna surge o nome-do-pai (*nom-du-père*). Desse conceito deriva as torções para o não-do-pai (*le non-du-père*), homofônica de *les non-dupes errent* (os não-tolos erram), o pai da horda primitiva, chamado de *père-orang* (pai orangotango), em analogia com a peroração (*pérorant, péroraient*), o pai da trilogia cristã, *père-trinité*, e a ideia de que a perversão pode ser redefinida como um *père-version* (versão do pai). Ao final, Lacan refere-se a si mesmo como um pai severo (*père-sévère*), ou seja, um pai que persevera, que insiste.

Para redescrever a transferência aparece a expressão sujeito suposto saber (*sujet supposé savoir*). Para designar a aparição do falo surge a falofania (*phalophanie*). Para descrever um novo tipo de narcisismo ele deriva uma expressão de Joyce, conhecida como *hissecroibeau*, ou seja, fazer-se belo, exibir-se de modo peculiar. Conceitos podem ser enriquecidos pela deformação de sua escrita, por exemplo, o *troumatisme* envolve a conjunção entre o trauma (*traumatisme*) e as noções de buraco (*trou*) e de verdade (*truth*, no inglês). Junta-se a esse caso a prática de recuperação de palavras raras e preciosas, com uso pouco frequente, tais como *béance* (hiância, relativa a hiato), afânise (*aphanisis*, desaparição), gozo fora do corpo (*hors-corps*). Incluem-se aqui ainda os neologismos que aparecem no contexto da tradução de conceitos psicanalíticos do alemão, como traço unário (*trace unaire*) para *einziger Zug*, foraclusão (*forclusion*) para *Verwerfung*, pulsão (*pulsion*) para *Trieb*.

O conceito de *sinthome* foi proposto em função da etimologia de *symptôme*. A introdução de um "h" inexistente na grafia moderna do termo em francês refere-se à forma como era escrito no século XVI. As duas palavras são homofônicas e a sua distinção passa pela escrita. Disso decorre a tese de que o conceito de *synthome* quer dizer o modo como o *symptôme* se escreve. Por corte e segmentação de *sympthome*, podemos extrair *homme* (homem). O homem pode ser escrito, de forma irreverente, pela sigla UOM, e dele procedem *homme-lettre* (homem-carta), *homme-sexuel* (homossexual) e *hommelle* (junção de homem, *homme*, e ela, *elle*, indicando o bissexual). O radical *thome* remete a pedaço de arte, quebra ou divisão, o que permite homenagear a teoria das partições de são Tomás de Aquino como uma *thommage*. Quando um sintoma não se deixa ver estamos no *escaptôme*, ou seja, na condensação entre *escotoma*, *Thomas* e *sympthôme*. Quando reunimos o limite frágil do sintoma com sua elevada aspiração moral, chegamos ao *saint-homme* (santo homem). Quando queremos nos referir ao quantificador universal *para todo homem*, podemos usar o neologismo lacaniano *pour-tout-homme*.

Em um de seus últimos seminário Lacan sintetiza a prática da psicanálise da seguinte maneira:

> O psicanalista é um retórico [*Le psychanalyste est un rhéteur*] — para continuar a equivocar, direi que ele "retifica" [*pour continuer d'équivoquer, je dirai qu'il "rhétifie"*], o que implica que ele retifica [*ce qui implique qu'il rectifie*] — o analista é um retórico [*l'analyste est un rhéteur*], o que significa que *rectus*, a palavra la-

tina, equivoca-se com "retificação" [*c'est-à-dire que rectus, le mot latin, équivoque avec la "rhétification"*]. Tentamos dizer a verdade [*on essaie de dire la vérité*] [...].[70]

Uma série de desenvolvimentos estão supostos por essa declaração. A ciência que estudará a perspectiva psicanalítica sobre a linguagem não é mais a linguística, mas a linguisteria (*linguisterie*). Seu objeto inclui a *lalangue*, mistura de "língua" com André Lalande, o autor de um famoso dicionário de filosofia e cujo nome Lacan esquece em uma de suas apresentações. A ciência da linguagem habitada pelo sujeito deve ser *motérialiste*, combinação de *mot* (palavra) e *matérialiste* (materialista). Essa nova ciência burlesca deverá reunir a retórica (*rhétorique*), a história (*hystoire*) e a língua da histeria (*hystérie*),[71] da qual a neurose obsessiva é um dialeto. Ela deve compreender, como vimos, os estudos sobre *lituraterre*, mistura de terra (*terre*), letra (*lettre*) e pedra (*liter*), que corresponde à apreensão lacaniana da literatura. Posto isso, a arte psicanalítica da interpretação funciona por retificação (*rhétification*), perspectiva no interior da qual tentamos fazer aparecer a verdade em estrutura de ficção, mas também em conexão com o Real.[72]

Há casos nos quais a condensação de duas ideias presentes em um conceito se exprime em uma nova formulação como contração dos dois termos opostos, por exemplo *hainamoration* (amódio), que reúne amor (*amour*) e ódio (*haine*), traduzindo a convivência entre amor e ódio expressa pelo conceito freudiano de ambivalência.

O quarto e último grupo de neologismos compreende o modo como Lacan se apropria, renomeia e satiriza o léxico da ontologia clássica grega ou da psicanálise que ele critica.

Aqui *o estilo é a separação*. As discussões sobre a natureza da substância (*ousia*), a existência do ser ou do nada, da aparência e da essência, são abordadas segundo a estratégia barroca de ambiguação, ironização e anamorfose dos conceitos, até o limite da sua possibilidade de escrita. Por exemplo, ao falar do gozo do Outro, Lacan sistematicamente repete a fórmula "se é que ele existe", sem que se saiba se a dúvida se aplica à existência do Outro ou à existência do gozo do Outro. Quando afirma que em vez da *ontologie* (ontologia) prefere a *hontologie* (vergonha [*honté*] ontológica), não fica claro se a vergonha é da crença na ontologia ou se é um tipo específico de ontologia. Em vez da ontologia, Lacan propõe uma *énologie*, ou seja, uma teoria do um (*en*). Em vez do ser (*l'être*), a ambiguidade da letra (*lettre*) ou da carta (também *lettre*). Da negação do ser surgem o des-ser (*désêtre*), o mestre do ser (*m'être*), a fala da falta-a-ser (*parlêtre*), o parece-ser (*parêtre*) e o pensa-ser (*pensêtre*). Também quando perguntamos pelo sentido do ser encontramos o ab-senso (*ab-sense*), o passo de sentido (*pas-de-sens*), ou a negação de sentido (*pas-de-sens*), e o sentido em branco ou semblante de sentido (*sens-blanc*).

4. Surrealismos psicanalíticos

AS RELAÇÕES ESTILÍSTICAS ENTRE LACAN e o surrealismo diferem das que elaborei até aqui em torno da oralidade, da mística medieval e do barroco. Isso ocorre porque a formação e o desenvolvimento do surrealismo, enquanto movimento social e estético, e do ensino oral e escrito de Lacan são contemporâneos — de tal maneira que se poderia falar em programas de pesquisa homólogos e de certa forma concorrentes. O surrealismo, ao lado do pensamento de Hegel, desempenha um papel formativo no período em que Lacan está vindo da psiquiatria para a psicanálise. Assim como a psicanálise não é somente um método para tratar o sofrimento neurótico, o surrealismo não é apenas um movimento estético. Ambos estariam envolvidos numa espécie de busca na qual o Real é o ponto de chegada, não o de partida, como afirma Breton: "Acredito na resolução futura desses dois estados, tão contraditórios na aparência, o sonho e a realidade, numa espécie de realidade absoluta, de *surrealidade*, se assim se pode dizer".[1]

Sem formar exatamente uma visão de mundo, psicanálise e surrealismo podem ser descritos, já nos anos 1930, como movimentos sociais subversivos, revolucionários e vanguardistas. Ambos acreditavam que uma nova forma de vida poderia advir de uma reinvenção radical dos modos de estar na linguagem, dos modos de conhecer, desejar e amar. Por isso mobilizam recursos das artes, mas também das ciências e da filosofia, para encontrar esse ponto de vista da totalidade perdida. A estética passa a ter outra conotação nesse contexto. Não é mais um conjunto de problemas, nem um arcabouço de técnicas, mas é o campo no qual se poderia pensar o conjunto da experiência como unidade e dissolução. Daí a ideia de que o surrealismo seria o modelo para a estética do Real em Lacan:

> Dizer é diferente de falar. O analisante fala. Ele faz poesia. Ele faz poesia quando consegue — é pouco frequente — mas é arte. [...] O analista corta. O que ele diz é corte, quer dizer, participa da escrita, com a ressalva de que para ele, ele só produz equivocidade na ortografia. Ele escreve diferentemente, de modo que, por meio da ortografia, de uma forma diferente de escrever, ele soa algo diferente do que é dito, que é dito com a intenção de dizer, isto é, conscientemente.[2]

O diagnóstico primário dos surrealistas, sancionado por Lacan, é de que seria impossível construir uma estética do Real partindo da linguagem ordinária, parasitada pela ideologia do realismo ingênuo e reificada pelo sistema das artes. Por isso a primeira tarefa surrealista corresponde a inventar uma nova linguagem, seja na sua sintaxe, seja na sua semântica, seja ainda na sua pragmática.[3]

Em 1929 Lacan envia para seu amigo Ferdinand Alquié, futuro autor de *Filosofia do surrealismo*, uma carta contendo um soneto. Alquié vivia um amor louco e não correspondido. Na carta Lacan pergunta o que se poderia fazer com essa situação "dentro dos limites do possível, quero dizer, do demandável". Termina seu poema com uma dedicatória em latim: *Melancholiae tibi bellae*, homenagem à melancolia.[4] Em 1933, um ano depois de defender sua tese sobre a paranoia de autopunição, Lacan publica seu poema na revista surrealista, *Le Phare de Neuilly*, dirigida por Lise Deharme.[5] Nessa segunda versão do soneto o título em grego, "Πάντα ῥυεῖ"[6] (*Panta rhei*), é substituído pelo latim "Hiatus irracionalis". Essa mudança é uma possível homenagem a Alexandre Koyré, que em 1929 defendeu uma tese sobre Jakob Böhme, em que analisa extensamente essa expressão.[7]

Se lemos os primeiros termos da primeira estrofe, temos uma oposição entre "coisas" e "formas", duas materialidades distintas: "Coisas, que corram em vós o suor ou a seiva./Formas, que nascidas sejam da forja ou do sangue".[8] Surge então uma terceira materialidade, que é o desejo *"désir incessante"*) e o sonho (*"mon rêve"*). Ambos são figurados pelo mesmo elemento temporal da fluidez e do incessante. Fluem como o sangue e a seiva, mas acrescentam uma nova propriedade: o tempo (torrente, correnteza, rio). Como se a primeira estrofe fosse um comentário do título "Πάντα ῥυεῖ", expressão que em Heráclito designa que "Tudo é fluxo".

A segunda estrofe confirma a noção de fluxo, mas contrasta isso com a elevação do ser (*"l'être s'élève"*) e a queda na areia (*"je tombe vers la greve"*). Junto com isso vem a ideia de que o fluxo pode ser interrompido pelo demônio pensante (*"mon démon pensant"*) ou pelo deus privado de senso (*"dieu privé de sens"*) — afinal temos um deus que em vez de onividente, onisciente, bom e infinito é "cego", "surdo" e "nada sabe", ou seja, finito. Numa republicação em 1977, esse quarto verso do segundo quarteto é retirado — o que quebra a forma soneto original, diminuindo seu aspecto bem comportado —, possivelmente justo por suas implicações teológicas que apontam não para a ausência de deus, mas para um deus humanizado. Reencontramos aqui o tema místico e barroco do deus privado de sentido. A estratégia das antíteses entre o corporal humano ("suor", "sangue", "cego", "surdo") e a máquina vegetal ("forja", "seiva"), na combinação entre mundos que se fundem pela palavra, é uma ideia reforçada pelo sentido de enleio como entrelaçamento, ligação ou embaraço.

Na terceira estrofe encontramos o significante "fluxo". Ficamos sabendo que "todo verbo à minha glote se exangue" (*"tout verbe a péri dans ma gorge"*), todos os verbos definham em nossa garganta, marcando a aparição do tema do místico, indizível, e dos limites da verdade que não pode ser dita por inteiro. O texto da carta de Lacan aparentemente esclarece esse ponto ao dizer que "um único modo de asceticismo me parece dever fazer frente a isso: esmigalhar nossos desejos contra seus objetos, fazer a nossa ambição fracassar através da própria desordem que em nós ela engendra".

Portanto, isso não deve levar à solidão, mas à resistência; não deve trazer rostos vazios e a mesma voz coletiva, mas "o nós-mesmos odiáveis, [...] nossos incidentes individuais".[9] Reafirma-se assim o caráter ontológico do fluxo, natural e moral — "Natureza — perco-me num fluxo radiante", no fluxo elemental vou indo —, tal como em Heráclito.

A quarta estrofe nos leva de volta ao tema do sonho e do desejo. Mas agora temos o ponto de encontro entre forma e matéria, a combinação entre o movimento da torrente e o da ascensão. Trata-se do que "arde dentro de mim" (*"couve en moi"*) e que eleva (*"soulève"*) o outro. Trata-se também das formas ("*formes*"), que fluem ("*coule*") no suor ou na seiva ("*la sueur ou la sève*"), ou seja, das formas daquilo que por ser líquido não tem forma definida, mas que se transforma. "É o fogo que me torna seu imortal amante" ("*le feu qui me fait votre immortel amant*").

Imagem da pura transformação, só o fogo pode ser suporte para o amor imortal. O paradoxo contido nas expressões "densidade do sonho" ou "demônio pensante" redobra o problema da materialidade do ser desejante. Até aqui se acumulam choques e contrastes entre materialidades distintas: o "demônio pensante" contra o "piso duro", a "água" contra a "sebe", assim como o mal "cego e surdo" diante de um "deus privado de sentido". Coisas líquidas e formas pensantes encontram no fogo o princípio que verte cada qual em seu oposto.

É sugestivo como podemos usar esse poema de juventude para detectar, ao modo surrealista, rastros antecipados do que viria a se tornar o conceito de Real em Lacan. O soneto emerge como resposta em ato ao sofrimento sintomático e quase melancólico de seu amigo Alquié. Sua mensagem baseia-se na imagem do fluxo como devir que retorna ao mesmo lugar. Seu conceito compreende materialidades de convivência impossível e impensável, como as que se exprimem pelo título "Hiatus irrationalis", ou seja, hiato irracional, intervalo dentro da razão. Ele termina pela alusão ao fogo e ao infinito como figuras do que não cessa de se escrever — assim como o verso amputado, cujo vazio não cessa de se apresentar pela deformação da estrutura do soneto. Quanto ao seu estilo, é um poema mais barroco do que surrealista. Quanto às suas referências, elas passam pela tradição da negatividade, de Heráclito a Böhme e Hegel.

Se Heráclito é a referência central do poema, isso ajuda a entender sua publicação em uma revista surrealista, uma vez que sua forma é bastante clássica. Em *O que é surrealismo*, de 1934,[10] esse autor pré-socrático é lembrado por Breton como o ancestral mais antigo do surrealismo: "Heráclito é surrealista na dialética". Ele ganhou o apelido de "o obscuro" tanto pela forma como escrevia quanto por afirmar que a verdade emana dos contrários. A homenagem dos surrealistas a Heráclito retoma a ideia de combinação de elementos heterogêneos, por meio da qual a criação poética de metáforas faz emergirem imagens situadas na junção de duas realidades, induzindo um efeito de transformação ou metamorfose.

Para aqueles que poderiam pensar que se trata de uma referência importante apenas para o Lacan da juventude, seria preciso lembrar que em 1956 ele traduz um texto de Heidegger chamado "Logos",[11] cujo objeto é justamente o pensamento de Heráclito. Nele percebe-se que o pensamento do pré-socrático reúne duas premissas aparentemente contraditórias.[12] A primeira afirma que tudo se combina e se transforma. Em contrapartida, para a segunda existe apenas um mundo, uno e estruturado. A solução percebida por Heidegger é que ambas as ideias são verdadeiras, a nossa noção intuitiva de tempo é que é falsa. É que tão importante quanto a oposição proposicional entre as duas teses é o encontro fortuito que elas produzem no interior da experiência. Por isso as noções de ato, achado e encontro são tão cruciais para a psicanálise e para o surrealismo.

Eis de que forma o conde de Lautréamont teria antecipado o surrealismo ao definir a beleza como "o encontro fortuito sobre uma mesa de dissecção de uma máquina de costura e um guarda-chuva".[13]

Temos aqui três imagens muito fortes para representar a linguagem: a morte (a escrita como arte de aprender a morrer), a máquina de costura (o texto como tecido) e o guarda-chuva (como morada, abrigo ou meio universal). Reencontramos aqui a tese das três materialidades diferentes: a linguagem, o corpo e o sujeito. O efeito de choque surrealista trazido por essa definição deriva do hiato ou da separação intuitiva entre esses três objetos. Todavia, a fragmentação e a descontinuidade associativa entre eles são recuperadas pela unidade poética de significação, pela beleza criativa da metáfora.

Multiplicidade de vozes autorais, figuração distorcida, contingência real (acaso objetivo) e duplicação de imagens serão procedimentos de base pelos quais a pesquisa surrealista transformará o tema do *encontro fortuito* em um método para encontrar objetos triviais e ordinários, elevando-os à dignidade de revelações e epifanias. Os surrealistas agem, portanto, como cientistas tentando produzir um determinado efeito, o efeito surrealista. Para tal é preciso determinar quais são os procedimentos pelos quais se chega ao objeto que, ao ser reintroduzido na realidade, mostra sua organização disparatada. Objeto que, reintroduzido na realidade, mostra como perde sua propriedade fundamental de apresentar-se como um todo coerente e unificado. Animais, mulheres, partes do corpo, portas, insetos são exemplos desses objetos de transição entre mundos procurados pelos surrealistas.

Ocorre que tais objetos não podem ser aprisionados em contextos e laboratórios, onde se poderia controlar seu comportamento, têm que ser encontrados ou produzidos (*objet trouvé*). Para se apresentarem como tais eles dependem de certas condições envolvendo hibridização de linguagem, figuração de imagens e convulsão da economia libidinal. Por exemplo, a partir de colagens aleatórias de restos de jornal pode-se verificar a aparição de relações metafóricas entre texto e imagem. Praticando a escrita automática de palavras, nexos insuspeitos são encontrados. O objeto-achado, assim como seu análogo lacaniano, o objeto *a*, situa-se como articulação mútua e precária entre Real, Simbólico e Imaginário. Podemos voltar à cena original do surrealismo relendo o encontro fortuito como a contingência de Mallarmé, a máquina de costura como duplicação de Rimbaud, o guarda-chuva como a figuração de Apollinaire e a mesa de dissecação como a fragmentação de Lautréamont. É fortuito que o Simbólico (máquina de costura) se encontre com o Imaginário (guarda-chuva) e o Real (mesa de dissecação). Porém, o mais importante é que esse encontro produz um objeto, extraído da realidade, e um efeito de surrealidade. Ao contrário da ciência, que se ocupa de descrições dos objetos da realidade, valendo-se de uma linguagem fortemente convencional e codificada, os surrealistas procuram procedimentos para transformar a realidade através do efeito da sobrerrealidade. Daí a natureza estética, científica e ético-política de seu programa.

Encontros e desencontros surrealistas

Quando falamos especificamente do programa estético surrealista, encontramos sempre uma certa orientação para a produção de efeitos de choque, desalienação e despertar da consciência. Isso inclui usar o teatro para provocar sugestões e delírios. Empregar o automatismo mental para absorver os nossos "pontos cegos mentais" (escotomas). Podemos criar autorretratos da aura (em analogia com a aura histérica e epiléptica), produzir desconcerto com os efeitos de repetição. Gerar aparições inesperadas de uma imagem, trazer à luz a dor, as secreções e os segredos da intimidade, como os objetos que Dalí chamou de sexual anamórficos. É o que acontece também no procedimento do cadáver saboroso (*corps exquis*), em que se executam traços sobre uma folha de papel que passa de mão em mão entre os participantes, até que emerja uma imagem-objeto. Tematizar o corpo como coisa fragmentada e disjunta explorando os estados alterados de consciência, tal como se manifestam no sonho ou no hipnotismo, na alucinação, mas também os estados induzidos por substâncias. Tudo isso fazia do surrealismo uma estética de incorporação da loucura como parte de um método,[14] que demanda o estado de loucura lúcida do sujeito para poder ser praticado.

De todos os experimentos surrealistas, talvez o que tenha deixado marcas mais dramáticas se desenrolou em torno da escrita do antirromance de Breton chamado *Nadja*. É a história de um tratamento no qual um psiquiatra não consegue curar sua paciente. Breton mistura documentário, fotografia, personagens reais e lugares históricos, que são revirados pela luva surrealista. Nadja deixa desenhos enigmáticos, marca encontros em lugares desconhecidos em horas inconvenientes. Ela deixa dúvida de sua existência real. Durante a redação de *Nadja*, Breton se trancou por dias no quarto de um hotel, com Léona Delacourt, realizando experimentos como hipnotismo, associação livre, produção de objetos e surrealizações. Apesar de não ter se formado em psiquiatria, ele já tivera uma incipiente experiência clínica com pacientes em sofrimento psíquico durante a guerra. Terminado o romance, no duplo sentido do termo, Léona é levada por Breton ao hospital psiquiátrico da Salpêtrière, onde é entregue aos cuidados de Pierre Janet, permanecendo ali internada por quinze anos.

> Vieram, há poucos meses, me informar que Nadja estava louca. [...] acabou tendo que ser internada no hospício de Vaucluse. [...] O essencial é que acredito não haver para Nadja uma extrema diferença entre o interior e o exterior de um hospício. Deve, contudo, haver alguma diferença, por causa do ruído irritante de uma chave que gira na fechadura, da miserável vista de um jardim, de ser interrogado por uma cambada que não serviria nem mesmo para nos engraxar os sapatos, como o professor [Henri] Claude,[15] do Hospital de Saint-Anne, com sua fronte ignara e o ar teimoso que o caracterizam.[16]

Quando se tenta refazer a história das relações entre surrealismo e psicanálise, notamos que ela está marcada por três encontros entre pessoas: Freud com Breton, em 1921, Freud com Dalí, em 1939, e Lacan com os surrealistas, a partir de 1929. Três encontros marcados por muitos desencontros de ideias e "desafinidades" eletivas. Breton via em Freud mais um desses predecessores do surrealismo, mas, ao contrário de Lautréamont, Mallarmé e Rimbaud, que vinham da literatura e estavam mortos, Freud trazia ciência para o interior do surrealismo e tinha a vantagem de estar vivo. A escrita automática, derivada da associação livre, o inconsciente como automatismo mental, as pulsões como indício de uma sexualização impercebida, a comunhão entre realidade e sonho eram temas que sugeriam a Breton que surrealismo e psicanálise participavam da mesma investigação. Parecia óbvio para ele que a pesquisa psicanalítica era também uma forma de subversão, revolta, revolução ou instituição política.

Essa ideia era levada a sério por todos os que faziam experimentos surrealistas. Esses podiam se valer de substâncias alucinógenas, como o ópio e a morfina (Jacques Vaché), de montagens fotográficas (Claude Cahun), de técnicas de colagem gráficas (Max Ernst), de solução para problemas imaginários (Raymond Roussel), e também de vivências psicologicamente "controladas", como a hipnose e o "internamento" que deu origem a *Nadja*. Os métodos surrealistas podiam passar pelo erotismo experimental (Georges Bataille), pelo olhar viajante[17] do antropólogo (Michel Leiris e Roger Caillois), pela escrita potencial (Raymond Queneau e o grupo do Oulipo), pelo humor dramatúrgico (Alfred Jarry e Eugène Ionesco), mas sobretudo pela fusão figurativa entre escrita, conceito e imagem, como nos caligramas (Guillaume Apollinaire).

Portanto, quando em outubro de 1921 André Breton sobe as escadas do consultório de Freud em Viena, na Berggasse 19, ele tem para si a conquista de um aliado para seu projeto de fazer uma revolução estética, científica e política nas formas de vida. Pensando nisso, escolheu mencionar seus professores de psiquiatria Charcot, Janet e Babinski. Esse pode ter sido o primeiro erro, pois Freud via na Escola de Paris seus verdadeiros rivais científicos. O segundo erro talvez tenha sido tentar explicar como o surrealismo se apoiava na psicanálise. É possível que Freud tenha lembrado que Janet propunha conceitos como função do real e subconsciente para substituir o juízo de negação e o conceito de inconsciente. O uso da noção de automatismo mental, em vez de compulsão, também pode ter caído como uma cópia francesa de suas ideias.[18] Ainda que para Freud os artistas pudessem ter intuições brilhantes e antecipar conceitos psicanalíticos, a psicanálise jamais poderia contribuir para as artes em si, simplesmente porque ela não tinha nem uma estética nem uma política.

Freud era um antivienense, indiferente ao expressionismo de Gustav Klimt, Egon Schiele e Oskar Kokoschka, que acontecia a três quadras de seu consultório. Não tinha interesse pela revolução da música atonal, promovida por Alban Berg, Arnold Schoenberg e Anton Webern a sete quadras dali. Ele talvez visse na arte moderna que nascia ao seu lado uma mistura de rabiscos e anti-intelectualismo. Portanto, quando fala banalidades genéricas tais como "sempre se pode contar com a juventude",[19] Breton sai decepcionado do encontro. Escreve que o consultório era medíocre e sem estilo e Freud *ele mesmo*, um burguês acomodado.[20] É possível que Freud não tenha percebido que Breton procurava uma "medicina verdadeira", em nome da qual ele critica seus antigos mestres.[21] Assim também ele busca uma ciência do real, capaz de reintegrar aquilo que a ciência positiva teve que excluir para se constituir: a loucura, o sonho e a fantasia, como relação entre um sujeito dividido e um objeto que não se apresenta nem como imagem bem-acabada nem como representação bem-construída.

Em 1932 Freud leu o estudo surrealista *Vasos comunicantes*,[22] de André Breton, em que este observa que na *Interpretação dos sonhos* Freud se eximia de revelar detalhes de sua própria sexualidade, ao contrário do que acontecia quando examinava sonhos dos outros. Ele escreve a Breton dizendo que uma revelação completa de suas relações com o pai seria "inoportuna" para a recepção do livro.[23] A reação de Breton não ficou por menos: Freud, "o homem sensível, e sua vida surrealista queria separar sua vida de sua obra, como se sua própria vida não fosse importante para a transmissão de suas ideias".[24] Mais uma vez Freud não percebe a importância da noção de estilo como articulação ético-política entre vida pessoal e vida profissional.

Em 19 de julho de 1939 Salvador Dalí visitou Freud na companhia de Stefan Zweig. Na ocasião, fez um esboço da cabeça do criador da psicanálise, comentando: "O crânio de Freud é um caracol! Seu cérebro está na forma de uma espiral — pronto para ser extraído com uma agulha!". No dia seguinte Freud escreveu a Zweig:

> E é por isso que até agora estive inclinado a tomar os surrealistas, que aparentemente me tomaram como seu santo padroeiro, como acabados imbecis — digamos na razão de 95%, como acontece com o álcool. Esse jovem espanhol com seus ingênuos olhos fanáticos e sua inegável mestria técnica alterou minha opinião. Seria realmente interessante investigar analiticamente como chegou ele a criar aquele quadro. [...] A psicanálise se parece a uma mulher que deseja ser conquistada mas sabe que será pouco valorizada se não oferecer alguma resistência.[25]

Breton não deixa de mencionar Freud tanto no primeiro *Manifesto do surrealismo*, de 1924, quanto no segundo, de 1930. Mas a cada vez as reticências aumentam, a ponto de em seu

Dicionário abreviado do surrealismo o verbete "Freud" trazer a seguinte descrição:

> FREUD (Sigmund), nascido em 1856 — "a Eternidade — Viva Freud, o Grande sábio Vienense". O surrealismo foi levado a atribuir uma particular importância à psicologia dos processos do sonho de Freud e, de maneira geral, neste autor, a toda elucidação, fundada na exploração clínica, da vida inconsciente. Não obstante, rejeitamos a maior parte da filosofia de Freud como metafísica.[26]

É possível que Lacan tenha percebido o mal-entendido, de parte a parte, entre Freud e Breton. Ele sabia da indisposição de Freud em relação ao grupo francês, e se dispôs a trilhar a via aberta pelo equívoco entre ambos. É possível também que o encontro fortuito entre Lacan e os surrealistas tenha uma relação com o seu tipo social: não apenas burguês, como Freud, mas, como já dito, uma espécie de dândi, que vivia a vida com uma dramaticidade permanente. Ademais, Lacan percebeu que a "filosofia metafísica" de Freud precisava de uma renovação crítica, dando a si mesmo essa tarefa. Tudo se passa como se ele tivesse oferecido à psicanálise aquilo que Breton havia percebido como ausente em Freud: um estilo.

A partir de seu segundo casamento, com Sylvia, ex-esposa de Georges Bataille, Lacan é introduzido ao circuito profissional das artes. Sylvia era uma atriz consistente de cinema[27] que frequentava os círculos intelectuais da Paris dos anos loucos entreguerras. Talvez ainda subestimemos seu papel no deslocamento de Lacan da margem direita para a margem esquerda do Sena.[28] Por intermédio dela, ele aprofunda relações com surrealistas como Breton, Jacques Prévert e Max Ernst, torna-se médico particular de Picasso e analista da amante deste, Dora Maar. Com Sylvia, aproxima-se de críticos de arte como André Masson, Raymond Queneau e Jean Beaufret, que por sua vez o conectou com Heidegger e os futuros amigos do casal, Suzane e Maurice Merleau-Ponty. "[O que ele escrevia] não era legível, *era para ser falado*", observou ela. "A primeira vez que ele me deu o 'Estádio do espelho' não entendi nada. Mesmo depois que me explicou, ficou claro que não era para ser lido."[29] Sylvia "dirigiu" Lacan em *Televisão*, e depois comentou: "Ele atuava de maneira magnífica. Mas não era de propósito. Era só parte do seu personagem".[30]

Do começo ao fim Lacan se notabilizou por um estilo surrealista. Ainda que suas ideias se distanciassem do programa surrealista, dois de seus conceitos centrais emergem do surrealismo: o objeto *a* e o Real. Tanto no trato com os pacientes quanto na transmissão pública da psicanálise, e até mesmo no episódio de sua expulsão da Associação Psicanalítica Internacional, em 1963, os movimentos e as declarações de Lacan jamais deixaram de ser surrealistas.

Mas em 1932, depois dos desencontros fortuitos entre psicanálise e surrealismo, Lacan foi surpreendido pelo fato de que sua tese foi mais bem recebida pelos surrealistas do que pelos psiquiatras. Sua tentativa de integrar a psiquiatria alemã com a francesa em torno de um conceito novo e crítico de personalidade foi acolhida com frieza, mas inesperadamente discutida em duas revistas surrealistas, por Paul Nizan e Salvador Dalí.

Na tese e nos textos adjacentes Lacan já enunciava que o problema do estilo não podia ser dissociado da compreensão da psicopatologia. Isso sugere que os sintomas se formam a partir de certas regras, têm uma função que depende da estilística na qual estão imersos:

> O conhecimento desta sintaxe [da significação, da identificação e do delírio] nos parece uma introdução indispensável à compreensão dos valores simbólicos da arte, e muito particularmente os problemas do estilo [...] problemas sempre insolúveis para toda antropologia que não estiver liberada do realismo ingênuo do objeto.[31]

Dalí havia desenvolvido o método paranoico-crítico, baseado na seguinte sequência de procedimentos. Para extrair o Real da realidade, assim como ele queria extrair o cérebro em caracol de Freud, primeiro é preciso escolher dois objetos muito diferentes. Em seguida se evoca a maior quantidade possível de causas, razões e motivos para esses dois objetos surgirem em contiguidade. Quando as relações exaustivas entre os dois signos derem mostras de se esgotar, cabe prestar atenção à emergência de um terceiro objeto que parecerá obsessivamente preencher o intervalo infinito entre os dois objetos iniciais. O efeito paranoide consiste na aparição desse terceiro termo entre os dois primeiros. Por exemplo, a imagem dupla de um cavalo que é ao mesmo tempo uma mulher pode fazer emergir, no terceiro termo, a imagem de um leão.[32]

Em vez de desfazer o potencial equívoco e repetir a atitude de Freud, Lacan redobra a leitura de Dalí tanto em termos estéticos quanto epistemológicos. Se a loucura pode ser uma forma de conhecimento, como argumenta o pintor catalão, talvez o conhecimento fosse, ele mesmo, uma forma de loucura. A esquizoidia que separa sujeito e objeto, a projeção paranoica do Eu sobre o outro, a melancólica perda da realidade nos levaria a uma ciência sem ética nem sujeito e sem horizonte de transformação social do mundo ou compromisso político.

Lacan parece ter derivado do surrealismo o diagnóstico crítico sobre a apreensão da realidade. Ele percebeu que os esforços surrealistas se concentravam, em grande medida, nas relações descompassadas ou contingentes entre a lógica das imagens e a gramática simbólica das palavras. Seguindo a intuição do espelho sofiânico,[33] que ele usará em 1936 para falar da formação do Eu a partir de duas negatividades distintas, reencontra, em nova chave, o problema barroco da figuração. Mais precisamente, a relação entre aquilo que a imagem não mostra e aquilo que a palavra não revela. Da não identidade entre ambas resultará que, para localizar o efeito de Real, será preciso duplicar a realidade, entendendo sua estrutura dual (imaginária), recobrindo-o com as oposições da estrutura (simbólica). Da disjunção entre um e outro, percebida como abismo ou hiato, surge o objeto e sua função de causa ausente (real).

Quando Lacan chega ao surrealismo este está vivendo suas primeiras divisões internas, ramificando-se e internacionalizando-se em um movimento cada vez mais arborizado e repleto de variantes. O grupo de René Crevel, Louis Aragon, Paul Éluard e André Breton se aproxima do Partido Comunista Francês e do stalinismo. Sua principal revista deixa de se chamar *La Révolution Surréaliste* e passa a ser *Le Surréalisme au Service de la Révolution*.

Nesse momento o grupo dissidente de Michel Leiris, Raymond Queneau e Georges Bataille rompe com Breton, cria a revista *Documents* e se envolve com o Colégio de Sociologia,³⁴ que Lacan vem a frequentar entre 1937 e 1939. Por terem desenvolvido teses opostas às do marxismo e do freudismo, a partir da antropologia e da literatura, esse grupo é frequentemente desqualificado pelos surrealistas ortodoxos.

Mas o ponto central da controvérsia interna aos surrealistas era a ideia de revolução. Seu espectro de programas dividia-se entre os que entendiam a revolução como *revolta libertária* permanente (Antonin Artaud e Robert Desnos), os que a pensavam como *revolução espiritual* (Dalí e Luís Buñuel), os que a entendiam como *revolução social* e concreta nos moldes soviéticos (Breton e Aragon)³⁵ e os que pensavam que a revolução dependia de uma atitude institucional *subversiva* (Bataille e Queneau). No início era uma revolução estética, depois uma nova forma de vida (um novo amor), finalmente uma revolução social que começou anticapitalista e depois se tornou antissoviética, quando Aragon se desentende com Breton.

Vejamos como Lacan manterá relações com os quatro grupos.

Na tradição da revolução espiritual, em que se incluem também Picasso e Benjamin Péret, o surrealismo, assim como a psicanálise, seria sobretudo um estilo de vida, que coloca no seu centro a ideia de ato poético como modelo ético para um novo mundo. A crítica do conhecimento como paranoia, a concepção de que o tratamento psicanalítico seria um tipo de paranoia dirigida e de que o Eu é o sintoma principal a ser dissolvido pela análise provêm desse veio.

A noção de revolução espiritual foi posta à prova no contexto de ressignificação da participação dos intelectuais na Segunda Guerra Mundial. De um lado estavam os engajados, que participaram ativamente da resistência, como Paul Éluard, cujos poemas foram jogados de aviões pela resistência francesa. De outro, aqueles que defendiam a autonomia da literatura como condição necessária de sua potência transformativa. Lacan apoiará tanto Jean Paulhan, herói da resistência contra a ocupação alemã, que fazia literatura "engajada", quanto seu opositor Maurice Blanchot, que defendia a soberania da poesia em relação à política. Do primeiro ele retira sua referência narrativa ao que se espera da experiência de passe,[36] do segundo ele antecipa as formulações sobre o objeto a.[37]

Uma divisão análoga pode ser encontrada quando se trata de pensar a posição surrealista no contexto da opressão sobre as mulheres. Apesar de o surrealismo ser um movimento eminentemente comandado por homens, estava claro que qualquer revolução possível precisava passar pelo reposicionamento social da mulher. O programa surrealista passava por dar voz e repercussão para os casos dramáticos de exclusão, opressão e silenciamento, levando a sério a ideia de que a histeria seria o principal acontecimento político do século XIX.[38] Conceito problemático, experiência precária, desafio para a lógica de reconhecimento, "a mulher" será colocada pelos surrealistas como um enigma fixado por *Nadja*, o antirromance de Breton. A feminilidade será um tema transversal no ensino de Lacan, culminando nas teses sobre "a mulher que não existe" (ainda), o gozo do Outro ("se é que ele existe") e "não há relação sexual".

Breton e Lacan tinham uma afinidade com a tradição negativa de Heráclito, Mestre Eckhart e Hegel, mas além disso se alinhavam no programa de renovação da chave institucional da psiquiatria e da psicanálise. A maior parte dos jovens surrealistas eram estudantes de medicina que renunciaram à clínica, mas Breton, munindo-se da literatura e de um novo entendimento da loucura, queria revolucionar a psiquiatria. Caso típico de intelectual engajado, ele se recusa a *apenas* escrever romances e poemas. Como Zola, Apollinaire e Sartre, Breton pretendia ser tanto um animador cultural quanto um teórico que inaugura uma ética e dirige um movimento social.

Em uma direção semelhante, podemos observar que o jovem Lacan, leitor das epistemologias marxistas, como Georges Politzer,[39] vê na psicanálise uma forma de psicologia concreta: antipsicologista, não atomista, não acadêmica e baseada no paradigma dramático narrativo de compreensão das relações humanas. Como crítica radical da psicologia ideológica, a psicologia concreta está nas raízes da organização da luta anticolonial francesa dos anos 1950, da qual emergirão tanto a *Psicologia da colonização* de Octave Mannoni quanto sua resposta por Frantz Fanon, *Pele negra, máscaras brancas*.

Breton passa parte da guerra na Martinica, onde toma contato com Aimé Césaire, poeta surrealista e pensador original da luta decolonial, professor e mestre de Fanon, esse outro leitor de Lacan e dos surrealistas. Breton prefaciou *As armas miraculosas* e incentivou Césaire, que delineou o conceito de negritude com o senegalês Leopold Sedar Senghor, a trabalhar como adido cultural no Haiti. Mais tarde reuniu-se com Trótski no México, dando luz a uma fértil discussão sobre a função da estética na luta de classes.

Conforme a luta anticolonial se aprofunda em Breton, ela se torna cada vez mais conexa à luta antimanicomial. Quando Artaud escreve sua famosa "Carta aos médicos-chefes dos manicômios", Breton fica ao seu lado, contra seus antigos professores:

> O hospício de alienados, sob o manto da ciência e da justiça, é comparável à caserna, à prisão, à masmorra. Não levantaremos aqui a questão das internações arbitrárias, para vos poupar o trabalho dos desmentidos fáceis. Afirmamos que uma grande parte dos vossos pensionistas, perfeitamente loucos segundo a definição oficial, estão, eles também, arbitrariamente internados. [...] Os loucos são as vítimas individuais por excelência da ditadura social; em nome dessa individualidade intrínseca ao homem, exigimos que sejam soltos esses encarcerados da sensibilidade, pois não está ao alcance das leis prender todos os homens que pensam e agem.[40]

Henri Claude, orientador da tese de Lacan, Paul Guiraud, teórico da diagnóstica pela escrita, e Pierre Janet, rival de Freud, responderam de forma contundente:

> Os artistas excessivistas [...] podem todos ser qualificados de procedistas. O procedismo consiste em evitar o trabalho de pensar e especialmente de fazer observação, confiando a uma fórmula o cuidado de produzir um efeito, esse mesmo sendo único, esquemático e convencional: assim produz-se rapidamente um estilo e evita-se a crítica [...] no século XVI os conceptistas, gongoristas e eu-ístas; no século XVII os preciosos foram todos procedistas.[41]

Observe-se como a crítica aos artistas se dirige ao seu método de proceder, à sua busca por efeitos e à construção de um estilo "esquemático e universal". Explícita é também a crítica ao gongorismo e ao rebuscamento, como se isso em si constituísse algum tipo de anomalia "egoica", e como se a escola literária dos preciosos pudesse ser criticada pela sua crença no procedimento.

De Artaud e Desnos Lacan retira uma certa crítica antipsiquiátrica, envolvendo a revolta permanente contra os maus-tratos dispensados à psicose, bem como o elogio da loucura como condição sagital da experiência humana.[42]

Lembremos que no segundo manifesto surrealista a liberdade da loucura aparece como pauta ostensiva.[43] Curiosamente a resposta da "junta psiquiátrica" baseia-se na patologização dos elementos de estilo da loucura e do surrealismo: seu excesso, sua confiança em fórmulas e procedimentos, sua egolatria que se defende a partir de um estilo como o de Góngora. Para os surrealistas o aprisionamento da loucura passava por uma aliança entre discurso judiciário, epistemologia médica, antropologia racista e forma literária do romance.[44]

Finalmente, do grupo de Bataille, no qual Blanchot se forma,[45] Lacan retira uma maneira alternativa e disruptiva de olhar para as ciências humanas. Ao repetir a estratégia barroca de fazer uma ciência sobre aquilo que a ciência moderna exclui para poder se constituir como método e programa de investigação, Bataille propõe a noção de heterologia como um tipo de antropologia baseada no estudo do que uma sociedade teve que excluir e negar para se constituir como tal. Essa parte exilada, da qual não conseguimos nem nos separar e que tampouco conseguimos integrar, será chamada de parte maldita, embrião do futuro conceito de objeto *a* em Lacan.

A noção de estilo permitirá a Lacan integrar o dispositivo clínico de Freud ao programa surrealista, a um tempo estético e político, como vemos nesta redefinição de histeria proposta por Breton:

> Esse estado mental foi gerado pela necessidade de uma sedução recíproca e que explica os milagres precipitadamente aceitos do sugestionamento (ou contrassugestionamento) médico. A histeria não é um fenômeno patológico e pode ser considerada, para todos os efeitos, um meio de expressão supremo.[46]

Chegamos à ideia de que o surrealismo em Lacan não é apenas uma afinidade estilística, mas fonte e origem para um modelo de crítica capaz de recuperar sua potência estética e literária. Crítica da linguagem ordinária e seu olhar ideologicamente impregnado de realismo ingênuo. Aproximação com a antropologia decolonial, como exigência de variação perspectiva do ponto de vista epistemológico. Tematização crítica sobre a posição social da mulher. Afinidade com o pensamento marxista e anticapitalista. Conexão com o movimento de resistência ao encarceramento, invisibilidade e silenciamento manicomial da loucura. O surrealismo permite a Lacan experimentar a psicanálise, mais além de um procedimento clínico, como revolução cultural, teoria da subversão do sujeito e ética trágica radical. Não é por outro motivo que o conceito de Real será tão decisivo do início ao fim de seu ensino.

O surrealismo e o Real

Podemos agora retornar à problemática do estilo em Lacan considerando os acréscimos trazidos pelo surrealismo. Entre ambos há uma tese importante sobre o tempo. Na surrealidade, assim como no inconsciente, existem várias temporalidades ocorrendo simultaneamente. O tempo lógico (estrutura) convive com o tempo histórico (dialética), mas também com a temporalidade causal da repetição (*autômaton*) e da contingência (*tiquê*). Não é uma coincidência que a imagem-símbolo do surrealismo seja justamente *A persistência da memória* (1931), de Salvador Dalí, que retrata vários relógios derretendo como queijo camembert. Somente se levarmos em conta a presença dessas múltiplas temporalidades podemos entender a noção de ato do psicanalista, como transformação, contradição e escolha forçada. É assim também que se define a psicanálise não só a partir da ciência do Real, mas também como práxis[47] de tratamento do Real pelo Simbólico. Uma maneira de sintetizar essa relação primitiva do Real com o tempo nos faz pensar em Heráclito como o filósofo do devir e da unidade, do abismo e do fogo. Vejamos então como o conceito de Real se comporta com a noção antes discutida de estilo:

1. *O Real volta sempre ao mesmo lugar.*[48] Vimos que a primeira definição de estilo afirma que "O estilo é o homem, ele mesmo". Reconhecemos aqui que entre "o homem" e "ele mesmo" existe um hiato, ou um intervalo. Nós não somos nós mesmos o tempo todo. Há um hiato irracional pelo qual quando dormimos sonhamos, quando enlouquece-

mos estamos fora de nós e quando tropeçamos em atos falhos surge esse intervalo entre um e outro "homem". Mas as ilustrações que Lacan traz desse aforismo não apontam para o domínio do humano e sim para as repetições do movimento dos planetas, das estações, do ciclo entre dia e noite. Ou seja, o retorno é uma leitura humana e simbólica da repetição. Uma maneira de simbolizar o Real definido pelo conceito de repetição. Estamos aqui no procedimento surrealista da duplicação como ponto de partida para a criação do objeto. De fato, é no intervalo entre a presença e a ausência do objeto que Lacan deduz a existência de uma dialética entre saber e verdade. É porque os objetos retornam que nossa consciência pode se perceber sendo enganada por eles. Consequentemente, ela participa ativamente da produção desses objetos, nomeando-os, representando-os ou inserindo-os em uma rede qualquer de saber. A estrutura do mito, a estrutura de ficção, assim como a estrutura opositiva e diferencial do significante são deduzidas desse efeito de retorno, no qual o Real se mostra como repetição. No fundo o Real volta sempre ao mesmo lugar, porque nesse retorno ele cria lugares simbólicos, que se materializam em relógios, medições do tempo, cosmologias e astronomias. Lembremos, com Heráclito, que se tudo é fluxo e se tudo é rio, nada pode voltar ao mesmo lugar. Temos aqui a duplicação de Rimbaud, pela qual "o Eu é um Outro", ou seja, onde o rio é o Outro, que, permanecendo o mesmo, se transforma sem cessar.

2. *O que não se inscreve no Simbólico retorna no Real.* A segunda versão do estilo diz que "o estilo é o Outro a quem me dirijo", ou seja, estamos aqui no problema do lugar de re-

torno da mensagem e seu movimento dialético pelo qual o Real se torna racional e o racional se torna Real. Processo análogo àquele pelo qual passamos do saber à verdade e da verdade ao saber.[49] A lógica das negações comanda, assim, as passagens entre registros. O Outro é sobretudo uma instância de negação e inversão, como vimos na máxima: o sujeito recebe sua própria mensagem, *invertida*, desde o Outro. Nesse caso, que é o caso neurótico, a carta volta para quem a escreveu. Segue-se a regra de que negações simbólicas, como os juízos de negação que operam no recalcamento, voltam no simbólico como retorno do recalcado. É assim que surgem as formações do inconsciente tais como sintomas, transferências e sonhos. Quando essa negação simbólica não ocorre no Simbólico, ela retorna com uma mudança de registro, ou seja, retorna no Real, como acontece nos fenômenos psicóticos como o delírio e a alucinação. Pode acontecer também que a negação simbólica ocorra mas seu retorno se dê no Imaginário, como é o caso do fetiche perverso. Na dialética entre objeto e falta, entre desejo e demanda, entre sujeito e Outro, o Real desempenha um papel decisivo na gênese e estrutura dos sintomas. O Real como núcleo patógeno, lugar do encontro traumático, contingente[50] (*tiquê*) e da causalidade psíquica, absorve a propriedade da repetição negativa. Podemos pensar também que o Real é o furo no Outro, ponto para o qual nos dirigimos, como ponto de interrogação sobre as formações do inconsciente, ocupando lugar central entre elas o sintoma — daí a afirmação de que "o sintoma vem do Real".[51] Essa mudança de registro ou passagem de dimensão nos remete ao problema levantado por Apollinaire sobre as formas de figuração e a convivência entre materialidades distintas sob uma mesma situação. O encontro fortuito entre a máquina de costura e o guarda-chuva nos remete a essa materialidade disjunta entre água e linguagem, como na tela de Magritte.[52]

3. *O impossível é o Real*.[53] A terceira formulação sobre o estilo afirma que "O estilo é o objeto", o que pode ser lido tanto pela forma como nos separamos do objeto, quanto pelo modo como lidamos com o objeto que não se inscreve nem no Simbólico nem no Imaginário. Vimos até aqui que o impossível é que algo volte ao mesmo lugar exatamente idêntico a si. Depois vimos que o Outro, como sistema de trocas simbólicas, não admite sujeito. Por exemplo, os mitos, individuais ou coletivos, pensam melhor os indivíduos do que eles mesmos. Se uma estrutura se define como uma forma de pensamento sem sujeito, ou na qual o sujeito é impossível, Lacan inverte a formulação dizendo que, se o sujeito é impossível, o impossível é o Real. Assim como para os surrealistas o objeto real, correlato desse sujeito, tem a função de causa para o desejo. Esse objeto será sucessivamente renomeado como *acoisa* (*lachose*), quando se trata da sublimação; como *agalma*, quando se trata do amor; como objeto da lei moral,[54] quando se trata do Supereu; como objeto *não-sem* da angústia;[55] objeto *a* mais-de-gozar, quando se trata dos quatro discursos; e finalmente como objeto *a* causa de desejo no fantasma, aquilo que nos dá acesso ao pouco de realidade que o fantasma permite.[56] Também é o que Lacan chama de irrealizado, ou seja, "o que não veio à luz no Simbólico, aparece no Real".[57] Aqui surgem muitas imagens representativas do gozo em sua

relação com o Real. A principal delas retoma Heráclito e a tese de que "o fogo é o Real",[58] em outras palavras, o fogo "é o processo na realidade que tornaria o tempo, que é abstrato, real".[59] Eis o tema de Mallarmé da linguagem como máquina e do corpo como contingência. O Real aparece figurado aqui como uma mesa de dissecação, na qual decompomos o corpo da linguagem e juntamos as partes desse corpo por meio da máquina de costura, que dá unidade ao *cadáver saboroso*.

4. *O Real é o que não cessa de não se escrever*. A última formulação de Lacan sobre o estilo afirma que "O estilo é o corte", o que pode ser lido como procedimento clínico de mudança de discurso, corte que separa o objeto do fantasma (chamado corte em oito interior) ou como interrupção da sessão. A partir de certo momento Lacan começa a deduzir o Real das propriedades da escrita. Isso principia por derivar do significante a noção de letra e da letra a ideia de traço. Em seguida vieram as hipóteses sobre o Nome-do--Pai e os nomes próprios, depois sobre a escrita oriental, até chegar na lógica e na topologia como sistemas de escrita. A partir de então o conceito de impossível é redefinido como o que "não cessa de se escrever". A escansão da palavra francesa *nécessaire* (necessário) para *ne cesse* (não cessa) é conjugada com o que se pode escrever e o que não se pode escrever. Isso significa que há coisas que se pode dizer e outras que só se pode escrever. Chegamos assim aos conceitos de necessidade (não cessa de se escrever), possibilidade (cessa de se escrever) e contingência (cessa de não se escrever). Aqui o Real radicaliza uma propriedade que o ligava com a pulsão, a saber, a repetição e o retorno, para

incluir a compulsão à repetição (*Wiederholungszwang*), que no limite exprime a pulsão de morte.[60] Ou seja, o que se pode escrever ou não se pode escrever é o gozo, assim como o que se pode dizer e o que não se pode dizer é o desejo e sua verdade. Se o fantasma se define pela relação com o objeto e mais especificamente pela relação com a falta de objeto, no momento final de seu ensino Lacan introduzirá a ideia da não relação. Esta ocorre em três níveis: a não relação com O Outro, a não relação com A mulher e a não relação entre o gozo fálico e o gozo não-todo-fálico. Porém nesse ponto a figura lógica que representa o Real não é mais exclusivamente o impossível, mas também o contingente. Temos aqui o Real como ato de corte e aposta, como resto não necessário nem possível extraído da realidade para que ela nos apareça como um todo coerente e unitário. É também o erro de montagem casual, que separa Real, Simbólico e Imaginário, no sistema de escrita composto dos anéis ou nós borromeanos. Reencontramos assim a cena primária do surrealismo, na qual Lautréamont descreve o encontro fortuito entre a máquina de costura e o guarda-chuva sobre uma mesa de dissecação.

Fundamento estético da psicopatologia

Da tensão entre oralidade e escrita em Lacan chegamos à ideia de que as formas estéticas são por si mesmas expressões e suportes narrativos para o que a psicanálise tentava produzir com seus casos clínicos. Ou seja, a passagem da experiência oral e privada do tratamento para a sua forma pública e escrita não pode ser resolvida apenas por meio de um sistema rigoroso de descrição. Isso ocorreria porque os próprios fenômenos histéricos se apresentam sob uma estrutura estética, conforme o conceito de *catharsis* teria captado — o que se alinha com a intuição surrealista de que a histeria era antes de tudo um fenômeno estético e político. Ao longo de todo o seu ensino Lacan colocou perguntas estéticas em contextos clínicos. Por exemplo, em 1955 ele se perguntava se a escrita do presidente Schreber, e por extensão os delírios paranoicos, seria uma forma de poesia ou não.[61] Um ano antes, argumentava que a metáfora que organiza o complexo fóbico do cavalo no caso do pequeno Hans não é uma metáfora na acepção surrealista.[62] Aliás, esse é um ponto de afastamento explícito do surrealismo:

> Digamos que a poesia moderna e a escola surrealista fizeram-nos dar um grande passo [...] ao demonstrar que *qualquer conjunção de dois significantes seria equivalente para construir uma metáfora*, caso não se exigisse a condição da máxima disparidade entre as imagens significadas para a produção da centelha poética, ou, em outras palavras, para que tenha lugar a criação metafórica.[63]

Os temas surrealistas reaparecem de ponta a ponta na análise do poema de Victor Hugo, "Booz adormecido", e em como nele se destacarão os problemas antes examinados em torno da figuratividade narrativa, junto com a grande imagem barroca da luta entre luz e sombra, que estava também em "*Hiatus irracionalis*": "a *coisa*, evidentemente, ao se reduzir ao nome, cinde-se *no duplo raio divergente*, o da causa [...] e o do nada".[64]

Trata-se então, na relação entre a linguagem e o ser, de um raio que se divide em dois, de um lado o nada, do outro a causa. Vimos como a imagem do raio é uma interferência de Lacan no *Curso de linguística geral*, de Saussure, em que o linguista compara a relação da água com a atmosfera para indicar como pensamento e matéria sonora se articulam:

> O pensamento é como uma nebulosa, onde nada está necessariamente delimitado. [...] Imaginemos o ar em contato com uma capa de água: se muda a pressão atmosférica, a superfície da água se decompõe numa série de divisões, vale dizer, de vagas; são essas ondulações que darão uma ideia da união e, por assim dizer, do acoplamento do pensamento com a matéria fônica.[65]

Um pouco antes o texto traz uma imagem onde se veem duas nebulosas, com um espaço entre elas, onde Saussure posiciona em A o plano das ideias confusas e em B o plano indeterminado dos sons. Lacan interpreta essa imagem como uma alegoria em que nuvens pairam sobre as ondas, como o significante sobre o significado, tal qual no livro bíblico do Gênesis. Mas, para explicar a relação entre A e B, ele não recorre a uma segmentação fixa, como a imagem que Saussure sugere, e sim a uma conexão temporal instável, como a de um raio e um trovão, para designar a significação, determinada por um intervalo de tempo, ou a transformação da nuvem em chuva (pressão atmosférica), para indicar a conexão material entre pensamento e significante.

A gênese da significação metafórica depende de um significante a-semântico, como o Nome-do-Pai. É por ser um signo vazio que ele tem função ontológica: o "respectivo lugar do significante e do significado, e para não observar de qual centro irradiante o primeiro vem *refletir sua luz nas trevas* das significações inacabadas".[66]

Logo depois de introduzir o algoritmo do signo e de exemplificá-lo com a imagem da árvore, Lacan reverte o significante *arbre* (árvore) em seu anagrama *barre* (barra), para redefinir a relação entre significante e significado com uma barra que resiste à significação, e não, como acontecia em Saussure, um plano que define duas superfícies inseparáveis.

> Ó árvore circulatória, árvore vital do cerebelo, árvore de Saturno ou de Diana, cristais precipitados numa árvore condutora do raio, será talvez tua figura que traça nosso destino no casco chamuscado da tartaruga, ou teu clarão que faz surgir de uma inominável noite a lenta mutação do ser no *hen panta* da linguagem.[67]

Voltamos ao "Tudo é fluxo" (*panta rhei*) de Heráclito e sua releitura nos termos da filosofia da linguagem. Ao lado desta convive uma proposição aparentemente contrária, de que tudo é um (*hen panta*). Como vimos, a unidade da linguagem, do discurso ou da razão comporta um hiato por onde se infiltram o efeito de sujeito e o objeto como causa. Se há uma estética do Real em Lacan, ela é o ponto de convergência entre a máquina de costura da linguagem, o guarda-chuva do sujeito e a mesa de dissecação das pulsões. Aqui deveríamos levar a sério uma declaração sua sobre o estatuto surrealista das pulsões, que para muitos passa por um mero chiste, sem grande consequência: "A montagem da pulsão é uma montagem que, de saída, se apresenta como não tendo nem pé nem cabeça — no sentido em que se fala de montagem numa colagem surrealista".⁶⁸

(A colagem era efetivamente um método praticado pelos dadaístas, mas que encontra em Max Ernst sua versão mais bem acabada. Ela se desenvolve em paralelo com a frotagem, procedimento pelo qual se despeja material como grafite ou limalhas de ferro sobre uma superfície aderente, e então se fricciona o conjunto até a aparição de formas. Ambas as técnicas são semelhantes à anamorfose, pela qual se extrai uma unidade imagética a partir de um estado inicial de fragmentação. É a contingência da junção entre os elementos associada à heterogeneidade dos materiais de origem que define o processo: "Se são as plumas que fazem a plumagem, não é a cola que faz a colagem".⁶⁹)

A passagem continua com Lacan refraseando à sua maneira o dito aforismático de Lautréamont. Mas agora o encontro fortuito se dá entre a marcha de um dínamo acoplado na tomada de gás e de onde sai uma pena de pavão que vem fazer cócegas no ventre de uma bela mulher, que está lá incluída pela beleza da coisa.⁷⁰ A interpretação psicanalítica não está aberta a todos os sentidos, sua metáfora não é a metáfora surrealista porque ela envolve a produção calculada de hiatos e a descoberta de cadáveres saborosos (*corps exquis*).⁷¹ Elementos significantes simples, retirados de sua situação inicial e transferidos por processos de colagem e montagem, que agora podemos incluir como caso particular da figuração.

O matema não é apenas a escrita de um conceito psicanalítico com ganhos de fixação e sentido, ele é também um caligrama, como os de Apollinaire, como uma peça de escrita chinesa que precisa ser lida como um desenho. A punção entre sujeito e objeto, que define a fantasia, é tanto o sinal conjuntivo do "e" quanto o sinal disjuntivo do "ou", e ainda o contorno de um buraco, a borda do abismo simbólico.

Se a pulsão é colagem surrealista, podemos incluir aqui a justaposição de materialidades distintas de linguagens, reunidas e separadas pela metáfora, tensionadas pela distância entre fala e escrita, marcadas pelo hiato entre verdade e Real. Isso permitiria ler os *Três ensaios sobre a teoria da sexualidade* como um texto estético. Nele, o catálogo das aberrações sexuais não está vinculado à forma normal da sexualidade, e sim segue a regra de que a psicanálise não se interessa pela arte como forma perfeita e bem-acabada, mas como distorção ou desfiguração.[72] De fato, categorias que emergiram historicamente no interior da psicopatologia das perversões — tais como fixação, regressão, inversão, perversão, sublimação, desvio (de objeto e objetivo), construção, organização pulsional (como obra em uma série), subtração (negação) — mostraram-se efetivamente procedimentos estéticos no interior das vanguardas.

Podemos entender agora a afirmação de Freud de que a pulsão está entre o somático e o psíquico, ou a tese de que a pulsão é o eco no corpo do significante, não como um grande dilema metafísico parte do dualismo ontológico ou da oposição entre ser e linguagem, mas como uma versão do problema estético da figuração e da maneira como a estética do Real reúne, feito uma colagem surrealista, sensação (*aesthesis*), representação (*mimesis*) e transformação de afetos (*catharsis*). Para tanto, basta seguir o fio da afirmação de Freud de que sua teoria das pulsões é uma mitologia, acrescida do suplemento lacaniano de que a pulsão é um mito freudiano.[73]

Nesse sentido, o objeto da arte no século XX seria homólogo ao objeto da psicanálise.[74] A sequência pela qual as pulsões apresentam-se inicialmente em estado fragmentário, cada qual buscando sua própria satisfação (autoerotismo), depois substituído pelo narcisismo, e em seguida pelo amor de objeto, deve ser pensada como o percurso trágico de um romance, mais do que como a descrição genética e genérica de como uma e todas as crianças necessariamente amadurecem.

Se o trabalho da pulsão cria unidades estéticas, de prazer ou desprazer, que se distribuem de forma intervalar, contínua (*Drang*) e descontínua, carga e descarga, fica mais fácil admitir que seu objeto (*Objekt*) é o que ela comporta de mais "plástico"; que sua fonte (*Quelle*) distribui-se por fendas corporais (auditiva, visual, anal, genital) e por zonas de sensibilidade receptiva (erógenas ou histerógenas). Também é mais simples tolerar a hipótese de que o objetivo ou a finalidade (*Ziel*) da pulsão (*Trieb*) é sempre alcançar a satisfação, seja no modo ativo (olhar), passivo (ser olhado) ou interpassivo (se faz olhar). Em outras palavras, é a pulsão que faz o corpo, e não só o corpo que faz a pulsão. Um corpo construído como precariedade estética, pela atividade lúdica da brincadeira (*Spiele*), da comédia (*Lustspiele*), da tragédia (*Trauerspiele*), com seus atores (*Schauspieler*),[75] mas também com os monumentos do corpo, com os arquivos de lembranças de infância, com a evolução semântica do caráter, com as tradições daquela história, com os vestígios que a exegese psicanalítica estabelecerá.[76]

A pulsão tem quatro destinos possíveis: recalcamento, retorno à própria pessoa (narcisismo), reversão ao oposto (entre atividade e passividade) e sublimação (dessexualização da libido).[77] Tais processos não precisam ser pensados como processos biológicos de evitação do desprazer e busca do prazer. Eles podem ser entendidos como estratégias históricas de produção, recepção, consumo e institucionalização das formas estéticas.[78] Nesse momento do ensino de Lacan, o Real é novamente tematizado, agora como hiato (*béance*) dotado de valor causal, tanto como *autômaton* (máquina de costura) quanto como encontro (fortuito), e ainda como *corps* evadido de gozo (mesa de dissecação). A "pouca-realidade" do conjunto assim formado responde pelo fantasma:

> O real pode ser representado pelo acidente, pelo barulhinho, a *pouca-realidade*, que testemunha que não estamos sonhando. Mas, por outro lado, essa realidade *não é pouca*, pois o que nos desperta é a outra realidade escondida por trás da falta do que tem lugar de representação — é o *Trieb*, nos diz Freud.[79]

Para Lacan a pulsão é sobretudo um modo de relação com o objeto (no fantasma), com a falta de objeto (o falo), com o Outro (na dialética entre desejo e demanda), com a verdade (nos discursos). Se ela é uma colagem surrealista, devemos esperar que seus modos se encontrem fortuitamente fazendo emergir o objeto. Por isso, ainda, os tipos clínicos são também tipos estéticos, conforme a máxima que conclui o manifesto surrealista e refraseia a frase de Lautréamont: "A beleza será convulsiva, ou não será". Ou seja, devemos perceber que a *convulsão*, seja ela o paradigma do sintoma histérico, epilético, seja ela de origem neurológica ou psicológica, é também um fenômeno estético.

Considerando que a essência da pulsão é a pulsão de morte, a pulsão será também um modelo para a não relação, para o limite e a impossibilidade de produzir comensurabilidade, perspectiva ou proporção com o Outro — situação para a qual Lacan parece ter desenvolvido o conceito de gozo. Fracasso da representação, fragmentação do objeto, crítica da *mimesis* como retorno do recalcado, da *catharsis* como reprodução e da *aesthesis* como estéticas do prazer, desprazer e sublime. Resistência e efemeridade da captura do Real pelo logos e pela linguagem. Tudo isso faz convergir o movimento das vanguardas com uma estética do Real. Assim como Lacan leu o "Projeto de uma psicologia científica para neurologistas", de Freud, como um texto sobre ética, poderíamos ler *Os três ensaios para uma teoria da sexualidade* como um tratado de estética.

A pulsão, na prática da escuta, está mais próxima da montagem e desmontagem fílmica. Boa parte de seu manejo consistiria em operar, sobre uma mesa de dissecação da linguagem, descontinuidades, hiatos e cortes, bem como suturas, reconexões e laços. Percebe-se assim que toda interpretação é *histórica*, no sentido de que articula como uma unidade um conjunto heterogêneo de temporalidades, referidas por exemplo à repetição, às recordações, à transferência e ao fantasma como sistema memorial de linguagem, sujeito e corpo.

Se há uma estética do Real em Lacan, ela precisa ser compreendida no contexto de uma reconfiguração completa da psicopatologia psicanalítica. Seu pressuposto é de que a loucura é uma experiência antropológica comum[80] e universal. Sua primeira tese é que as estruturas clínicas não são doenças nem transtornos, mas mitos cuja narrativa passou da oralidade para a escrita (mitologia e história), cuja forma social passou do coletivo para o individual (modernidade) e cuja estrutura é dada pelas relações lógicas e culturais da linguagem.

Joyce e o retorno de Lacan ao surrealismo

Não é incomum que um autor retome suas intuições iniciais quando percebe sua jornada chegando ao fim. Esse parece ter sido o caso de Lacan e seu reencontro com Joyce a partir de 1974. Os trabalhos de Joyce situam-se principalmente entre 1916 e 1939. Assim como Lacan, ele não cessou de debater com sua origem católica e religiosa. Assim como Joyce, Lacan dedicou-se ao estudo da prática radical com a linguagem. Assim como Joyce, Lacan pretendia acertar as contas da modernidade com suas origens greco-romanas.

Joyce também sofria dessa dicotomia entre erudição e escárnio, sendo, ao seu modo, como Lacan, um dândi e um rebotalho da humanidade. Seu texto é repleto de palavrões e termos chulos, ao passo que não admitia qualquer desvio de gentileza no trato pessoal. A resistência irlandesa passou pela deformação calculada e irônica da pronúncia ou do sotaque, por exemplo: *thinker* (pensador) passa a *tinker* (encanador, cigano que conserta panelas), *God knows* (Deus sabe) se torna *Dear knows*, pois *dear* soa como a palavra gaélica para Deus e ao mesmo tempo é ambígua para querido. Joyce oferecia a Lacan a ideia de refazer a modernidade a partir da escrita do herói trágico grego. A jornada de Leopold Bloom percorrendo ruas, bares e prostíbulos de Dublin no dia 16 de junho torna-se, assim, a escrita da viagem fundadora da literatura ocidental, presente na *Odisseia* de Homero.

As fontes teológicas abundam em Joyce: a trindade de santo Agostinho, a contingência de são Tomás de Aquino... No fundo Joyce percebeu, como Lacan, que sua formação cristã e o apego ao pai que ela legara eram fontes de sua inclinação, e assim também do povo católico irlandês, para a submissão. Lacan, como Joyce, e ambos a partir de Hegel, se perguntavam o que viria depois da arte.[81] Em Joyce, assim como em Lacan e para os surrealistas, o antídoto para esse complexo de universalidade residia na hibridização e na paródia das técnicas construtivas, o que se tornará uma tônica tanto para as neovanguardas dos anos 1970-80 quanto para o pós-moderno dos anos 1980-90. O *Ulysses* compreende dezoito capítulos, cada qual apresentado em um "estilo", incluindo os vários tipos de narrativa (juvenil, senil, madura, masculina, feminina), catecismo, monólogo, narcisismo, incubismo, entimemática, peristáltica, dialética, labiríntica, fuga em cânone (como na música de Bach) e alucinatória.[82]

As estratégias composicionais e as decisões tomadas por Joyce em *Um retrato do artista quando jovem*, *Ulysses* e *Finnegans Wake*, os três principais trabalhos comentados por Lacan, retomam vários dos tópicos que examinamos até aqui sobre o estilo de Lacan: a crítica do indivíduo moderno como realização inacabada do herói trágico; a transformação e a vertigem mística; e a sedução da tradição apofática, como aparece em Stephen Dedalus.

Essa é a travessia do herói, marcada por atos de transgressão e subversão, mas também por encontros decisivos, chamados de epifanias. Harold Bloom, esse judeu "imperfeito", serve para mostrar que essas duas ideologias, do antissemitismo e do sionismo, refletem a relação impossível do sujeito com seu pertencimento à cidade.[83] Retornamos aqui aos temas da cidade como personagem e da mulher como espectro e estranhamento, tão desenvolvidos pelos surrealistas.

Mas há uma diferença substancial entre Joyce e Lacan. O irlandês se interessava vivamente pelas línguas, tendo sido professor de diversos idiomas em muitos lugares. Para Lacan a fala e a linguagem, o discurso e a escrita são noções muito mais importantes do que a língua, considerada em sua especificidade cultural, histórica e diacrônica. Talvez esse tenha sido o enfrentamento final de Lacan com a linguagem. Depois de começar pela fala, seguir para o enunciado e a enunciação, dali para o discurso e para escrita, ele finalmente se deparou com o problema local e particular da língua, ou melhor, das línguas. Não seria por outro motivo que o conceito emergente e representativo desse período da obra de Lacan é *lalangue*, alíngua, cujo par e parceiro não é o eu que fala nem o sujeito como efeito de linguagem e posição de discurso, mas o *parlêtre*, o falasser.

O desafio representado por Joyce para Lacan pode ser resumido a partir de seu confronto final com Aristóteles. Tanto os nós borromeanos quanto as fórmulas da sexuação e a literatura de Joyce têm por horizonte uma espécie de superação de certa estrutura, cujos limites podem ser fixados entre a lógica e a literatura, Aristóteles e o surrealismo, a religião católica e o misticismo, como aparece no elogio de Lacan a Lewis Caroll.[84]

Três temas se destacam nessa deriva joyciana de Lacan: inconsistências na separação entre os gêneros, como no anagrama que faz passar de Adam (Adão) para Madam (senhora) e que se relaciona ao Real como ex-sistência; o corpo como império do Um (*umpire*) que dá consistência ao Imaginário; e o furo ou buraco simbólico representado pelo pai ("moldar na forja de minha alma incriada a consciência de minha raça").

Como essas três problemáticas podem formar um novo tipo de unidade? Como elas podem se reunir em uma nova junção entre poética (a língua mais local) e metalinguagem (o código universal da matemática)? Por isso os nós borromeanos não podem ser nem um modelo (lógico) nem uma metáfora (poética), apenas uma forma de escrita. A ideia seria compor Um (*Yad'lun*, Há-um) sem que esse Um constitua um universal. Ou, inversamente, um universal que contenha em si uma negação que o destitua de sua unidade. *Letter* (letra) que é *litter* (lixo),[85] como já dizia a heterologia surrealista de Bataille.

A arte de constituir unidades precárias: isso não se pode negar ao surrealismo como parte imanente de seu programa estético. Com a problemática da língua reaparece um termo reprimido ao longo da trajetória lacaniana: a autoria, aquilo que confere a uma obra sua unidade. É justamente na função de autoria que Lacan terminará sua leitura de Joyce afirmando que ele constitui um nó suplementar, chamado justamente de "ego", e que faz da obra e da escrita aquilo que mantém o eu de Joyce como uma unidade.

Conclusão

DO PONTO DE VISTA DO ESTILO, e não apenas do desenvolvimento de suas teses, o ano de 1966, data da publicação original dos *Escritos*, marca a transformação de Lacan em um autor, como ele mesmo admite, não sem um tanto de surpresa. O impacto e a extensão da recepção de suas ideias parecem aumentar. Suas entrevistas se multiplicam. Suas viagens antropológicas começam a se tornar mais frequentes, particularmente para fora da Europa, envolvendo lugares como Egito, Japão, Estados Unidos, México e por fim Venezuela. O antigo tema surrealista do antropólogo como olhar viajante, cujo modelo é Leiris, mas também o Picasso das máscaras africanas, volta à tona.

Em março do mesmo ano de 1966, Lacan visita museus, universidades e igrejas nos Estados Unidos, surpreendendo-se com a presença da arquitetura gótica naquele país. O impacto é sobretudo em relação à organização histórica e àquilo que para um europeu aparece como mais difuso e fragmentado:

> Pareceu-me encontrar um passado, um passado absoluto, compacto, um passado de cortar de faca, um passado puro, um passado ainda mais essencial por nunca ter existido.[1] [...] A criação impressionista está lá, como uma mosca presa no âmbar, numa perfeição de estátua que nunca teve por aqui. Ao olhar esse

passado, que é nós de certa forma, do qual nos livram, há todo um lado de nós que nos sobra, que é bem nós como somos atualmente e que nada mais é do que nosso fracasso.²

Os temas do poder e da história, das relações pessoais e da Escola de psicanálise, da política e da transmissão cultural da psicanálise atravessam o crescimento exponencial do interesse em suas ideias, trazendo novos alunos, mas também sucessivas crises institucionais que perdurarão até sua morte, em 1981. Uma consequência talvez imprevista da sua expulsão da Associação Psicanalítica Internacional é que ele deveria instituir um modelo alternativo, consoante suas críticas, para a formação de psicanalistas. O retorno do Real, no chamado último Lacan, encontra um paralelo com o real tanto político, das instituições, quanto estético, das neovanguardas dos anos 1970, que recuperavam àquela altura a importância do surrealismo.

Acentuam-se assim, em seu estilo de transmissão, as equivocações entre oralidade e escrita, incluindo etimologias retóricas e poéticas entre línguas. Aumenta o caráter barroco de sua maneira dramática de falar, de criar suspense, de se vestir histrionicamente, de torcer o charuto como se fosse um personagem, de se comportar não apenas como um professor mas como um analisante e um palhaço em uma situação de palco, picadeiro. Essa dimensão performática não é estranha ao encontro de novos conceitos, como *lalangue*, que surge do lapso quando a intenção inicial era referir-se a André Lalande. O *Witz*, o chiste, é encontrado em ato, no choque da fala, em tempo real, e talvez não tivesse acontecido se Lacan estivesse escrevendo tranquilamente em sua casa de campo em Guitrancourt. Em resposta à realidade psíquica freudiana, temos então a surrealidade poética lacaniana. No final dos anos 1960 o estilo de Lacan começa a ser reconhecido como ainda mais poético e torcido, repleto de achados e epifanias. Suas sessões tornam-se mais curtas e mais silenciosas. Ele declara que a psicanálise é uma prática da tagarelice (*bavardage*) e que as besteiras e tolices (*boutade*) são nossa matéria-prima. "A *boutade* de Lacan só deve ser tomada em segundo grau, é claro, em seu sentido de derrisão", dirá o ex-paciente Pierre Rey.[3]

A partir dos anos 1970 e do encontro com Joyce, em 1974, a língua lacaniana encontrará sua fixação final. Daí em diante seus achados surrealistas começam a divergir das demonstrações topológicas e matemáticas. Os chistes adquirem uma característica cada vez mais ofensiva, agressiva e sarcástica, concorrendo para sedimentar a arrogância das panelinhas que se sentiam mais próximas e mais "lacanianas", ao se apropriarem desse traço como jargão de grupo. A enunciação do "último Lacan" é cada vez mais oracular, cada vez mais avessa e irritada com seus aduladores e cada vez mais pontuada por expressões teológicas ou místicas.

Por volta de 1975 a estilística que acompanha a introdução do modelo dos nós borromeanos entre Real, Simbólico e Imaginário, nós que são manipulados ao vivo durante as aulas do Seminário, mobiliza uma topologia e uma matemática completamente estranhas aos modelos anteriores, mas também como retorno da oralidade contra a escrita (o dito e o dizer), do objeto surrealista, da contraciência barroca e da negatividade mística. Esse impasse é simultaneamente epistemológico, decorrente da dificuldade de acrescentar e levar adiante os modelos baseados em formalizações, e político, pois os dispositivos mobilizados para tratar as vicissitudes do poder no laço social entre analistas não se mostravam suficientemente seguros e eficientes para fazer frente à tarefa. O passe era questionado pela necessidade de juízes "angelicais", ainda que as identificações miméticas com o líder causassem irritação. Lacan não conseguia desligar-se do lugar de mestre, que havia criado para si. Os grupos internos da Escola Freudiana de Paris lutavam avidamente pela herança lacaniana. A própria dissolução da Escola Freudiana de Paris, iniciada em 1964 por Lacan, e sua polêmica refundação sob o nome de Escola da Causa Freudiana, em 1980, podem ser lidas como um gesto desesperado seu para enfrentar essa constelação de problemas.

Nesse sentido, seria preciso voltar às inflexões do surrealismo como estética do contrapoder para justificar esse último retorno ao Real em Lacan. Deveríamos lembrar que Joyce e Samuel Beckett são as duas pontas do programa surrealista e que ambos não podem ser compreendidos sem a sua relação com o fato de serem irlandeses exilados, e que a Irlanda foi a primeira colônia britânica, o modelo e campo de teste para o futuro império. Portanto, é no âmbito de uma literatura de resistência, de insubmissão de um povo que falava a língua gaélica à colonização imposta pela língua inglesa a partir do século XVII, que podemos entender o súbito retorno terminal a Joyce. Esse ponto de partida parece ter passado despercebido aos inúmeros comentadores de Lacan, que deram pouco peso à primeira frase do *Seminário 23*.[4]

Conclusão

AS MÚLTIPLAS ACEPÇÕES DE ESTILO que examinamos neste livro poderiam facilmente encontrar equivalentes mais diretos em conceitos psicanalíticos. *O estilo é o homem, ele mesmo* nos remete à identificação e ao narcisismo. *O estilo é o Outro a quem me dirijo* incorpora temas como repetição, retorno e reprodução, e também traduz noções como transferência e Outro. Dizer que *O estilo é o objeto* nos liga às diferentes incidências da noção de objeto e de sujeito em psicanálise, com seu ponto de convergência na noção de fantasma. Afirmar que *O estilo é o corte* nos convida às diferentes incidências da noção de separação, como sucedâneo do trauma, do luto e da castração, em psicanálise, mas também à separação entre Real, Simbólico e Imaginário, que vimos proceder do surrealismo.

Lembremos que a noção de estilo é trazida por Lacan para a psicanálise. Freud falava da sua "personalidade médica" quando se referia às diferentes maneiras de praticar o método psicanalítico. Como já se observou,[5] a noção de estilo parece funcionar como um conceito tampão para designar regras mais ou menos tácitas de reconhecimento entre psicanalistas. Ou seja, ela aponta o limite de variabilidade técnica, ética e epistêmica que pode ser admitido para definir alguém, uma escola como pertencente à comunidade psicanalítica. Sem a noção de estilo, a ideia de verdade, como uma espécie de ponte entre as pretensões ética e epistemológicas de Lacan, teria muita dificuldade para se sustentar. Por isso, ela representa uma espécie de escólio inseparável da aplicação do método psicanalítico.[6]

Para Freud um verdadeiro conceito (*Begriff*) em psicanálise deveria ser capaz de ser expresso em três perspectivas diferentes: a economia quantitativa ou intensiva do aparelho psíquico, a dinâmica de conflitos entre intra e intersubjetivos e a tópica das regiões, lugares ou instâncias psíquicas. Para Lacan há uma exigência correlata de que um conceito encontre uma referência no Real, outra no Simbólico e uma terceira a partir do Imaginário. Particularmente no começo de seu ensino essa parece ser uma regra metodológica: pai real, pai simbólico e pai imaginário, postos em conflito e covariância com a falta no Real (privação), no Simbólico (castração) e no Imaginário (frustração). Desdobramos então tríades como falo imaginário, falo simbólico e objeto a, no Real. Nesse sentido, no início os registros eram empregados principalmente como adjetivos e como verbos. Eles organizavam ações clínicas como simbolização, imaginarização e realização. Com o desdobramento do ensino, os registros se tornam ordens (ordem simbólica), e ao final uma tríade cuja regra de junção se torna o principal problema metapsicológico de Lacan.

Neste livro não me dediquei ao problema do estilo quando ele é aplicado ao plano de formalização de conceitos por meio da escrita lógica. De fato, termos como "elegância", "beleza" e "sobriedade" são empregados como traços de adjetivação do estilo. Acompanhando as considerações de Giles Granger,[7] se poderia dizer que o estilo de formalização lacaniano acompanha a heterogeneidade mostrada que tentei reconstruir em relação a conceitos, termos e noções. Lacan declara filiação explícita ao projeto de Nicolas Bourbaki de unificar as matemáticas em torno da lógica, mais especificamente na teoria dos conjuntos, e apresentá-la exclusivamente como um sistema de escrita, prescindindo da narrativa. Contudo ao longo do programa de formalização proposto pela escola de Bourbaki convivem demonstrações de estilo euclidiano, estilo cartesiano e outras ainda de estilo vetorial. Por isso também as abordagens misturam métodos do intuicionismo, do formalismo e do logicismo, bem como o recurso a problemas recorrentes na história da lógica. Uma dada demonstração matemática pode ser comparada estilisticamente com outra, igualmente correta. Não encontramos isso com regularidade no texto de Lacan. Nele os esquemas, modelos, grafos e demais diagramas são quase sempre objeto de comentário, às vezes de construção, e, mais raramente, de demonstração — uma peculiaridade que já levantou críticas quanto ao mal uso ou impostura no trato com a matemática.[8] Se formos fiéis à constelação de compromissos imposta pelo estilo, tal como levantamos neste livro, é preciso argumentar que o uso estético da matemática segue a intuição freudiana de que os artistas sempre estão à frente dos psicanalistas quando se trata da lógica da descoberta científica. Disso decorre que as intuições lacanianas demandam esforço de pesquisa e demonstração para alcançarem o nível de persuasão e confiança que esperamos de nossos conceitos. Como tentei mostrar aqui, essa composição entre ambiguidade e transparência, entre poema e matema, em que o estilo de exposição não pode ser dissociado das teses que são apresentadas, corresponde a um tipo de ciência antiga, chamada ciência barroca. É apenas por linhas tortuosas que se poderá ligar esse estilo com a sua versão pós-moderna.[9]

Uma das principais consequências de uma ciência barroca desse tipo, pouco perseguida pelos continuadores e discípulos de Lacan, é renunciar à crença de que o léxico psicanalítico é soberano ou suficiente para fazer avançar as próprias intelecções da psicanálise sobre a clínica e sobre a cultura. Pelo contrário, vimos que o estilo onívoro de Lacan compreende uma deriva contínua de importação de termos, de absorção de noções de outras áreas. Uma verdadeira prática antropofágica de conceitos, discursos, epistemologias e ontologias seria um traço potencialmente descolonizador presente no estilo de Lacan.

Outro aspecto, que pode aproximar seu estilo, de forma a colocá-lo à altura da subjetividade de nossa época,[10] é sua política de transleitura entre oral e escrito. Saberes de estrutura oral, com seu modo de apresentação testemunhal, podem encontrar aqui algum acolhimento. Talvez a maior lição deixada pelo estilo de Lacan é que uma língua dada não basta, e quanto mais codificada, menos suficiente ainda. É preciso deformá-la, acrescentar neologismos, ambiguar seu sentido e torcer seus usos. Essa atitude de revolta contra si mesmo, de transferência negativa para com Freud, de fustigamento da própria insuficiência conceitual é contrariada pelas práticas correntes do lacanismo contemporâneo, com sua reificação de termos, de terrorismo semântico e de dicionarização de significantes "analíticos" e "não analíticos".

A irreverência é constante na crítica de Lacan aos próprios discípulos, mas também aos psicanalistas de sua época. Bem ao modo surrealista, ele mantinha uma relação poiética com suas invenções, tanto conceituais quanto práticas, como o passe. Suas próprias instituições quase sempre foram autodissolvidas. Seu personagem de bufão espalhafatoso, autoparódico, traduz uma atitude de seriedade e humor que atravessa a língua oral. Temos aqui a face menos conhecida do barroco, que não é a do cultivo da forma, mas a da prática barroca do poema de escárnio ou maldizer.

Conclusão

Assim como teria acontecido com Freud, que saiu da periferia clínica e epistemológica de Viena para se tornar, durante cinquenta anos, a maior esperança psicoterapêutica do Ocidente, o estilo de Lacan dá sinais de autocontradição performativa, quando deixa de ser praticado por excluídos, hereges e excomungados para se tornar escritura e doxa oficial com força de lei. Reproduz-se aqui a mítica barroca do psicanalista como santo ou mártir da civilização. Mas a principal fonte de degradação do estilo lacaniano procede de sua repetição mimética. Maneiras diferentes de expressão são reduzidas a discursos universitários ou exercícios de mestria. Discussões teóricas são encerradas com argumentos de autoridade textual. Pesquisas ignoram bibliografias de comunidades vizinhas.

Entremeios, a tentação de se posicionar ao mesmo tempo como discurso de autoridade e corte patriarcal, como discurso de revolta e como denúncia anticlerical, pode engajar diversas soluções sintomáticas.

Durante muito tempo a política de Jacques-Alain Miller exigia uma escolha que não praticava na metrópole, entre participar ou da Escola ou da universidade. Como se estar no discurso universitário ou praticar o discurso analítico, como laço social, fossem prerrogativas imediatas das quatro paredes de cada instituição. Isso explica a dezena de simpósios, jornadas e encontros ocorridos em torno do tema da "psicanálise na universidade". Se do lado de lá do Atlântico isso poderia ter suas razões de ser, é importante notar como essa contenda parece repetir as discussões jesuítas e barrocas sobre quem pode ensinar, em qual língua e sob quais termos, quando estamos em condições subtropicais.

Mas o millerismo, como discurso fundacionista, deixou sua marca na colônia. Muitos acreditam que seria preciso refundar a psicanálise, expurgando-a de seus compromissos patriarcais, misóginos, de classe e de gênero. Esquecendo a história de lutas, silenciando a tradição crítica brasileira e fazendo tábula rasa das lutas de classe, raça e gênero, tal tendência retorna à tentação do novo início, uma psicanálise pós-tropicalista, pensada desde o zero, como se nada tivesse se passado desde então.

Por alguns anos argumentou-se que os verdadeiros psicanalistas deveriam posicionar-se fora das universidades. Eles não deveriam transmitir a psicanálise em grupos de estudos, muito menos falar de suas clínicas a céu aberto para escrutínio público. Durante muito tempo correu o mito de que as aulas dadas em Escolas possuem "um quê" de analítico que as aulas dadas em cursos livres não possuiriam, como se o discurso universitário se restringisse aos muros acadêmicos e o solo sagrado das Escolas imediatamente fizesse emergir o discurso do psicanalista. Não é esse o caso. Disso não se deduz que a regulação do Estado e a criação de faculdades de psicanálise sejam o caminho para a democratização dessa prática.

Até recentemente as Escolas dedicavam-se a organizar o ensino, as supervisões e as análises, ao passo que as universidades forneciam novos quadros para as Escolas, desde a graduação, e preparavam para a clínica a partir do quinto ano dos cursos de psicologia. Depois veio a tese de que a pós-graduação é um suplemento, que não substitui nem legitima a formação propriamente psicanalítica.

Enfrentamos hoje uma nova tensão entre psicanalistas e Escolas "digitais", que se aproveitam da desregulamentação estatal para oferecer cursos, carteirinhas, "kits psicanalíticos" e programas de ensino, até mesmo universitários e à distância, para os incautos. Quem mais sofre com essa situação são os analistas que não têm formação médica ou psicológica, ainda que pertençam a instituições históricas. No contexto da onda digital, demanda-se das Escolas de psicanálise, por vários e bons motivos, aumento de diversidade, abertura e democratização.

Como separar tais empuxos críticos da onda neoliberal, de seu código de conduta, pelo qual não há saber que não possa ser convertido em capital? Como justificar que um único grupo especializado detenha a prerrogativa de uma prática, sem que por trás disso exista a força da lei? Isso pode condenar o argumento da democratização como consumo de massa à simplicidade da manipulação digital, que torna boas críticas servas de péssimas intenções. No fundo, esse é apenas mais um capítulo da nova conflitiva digital entre autoridade comunitária "virtual" e institucionalidade pública.[11] E não deixa de ser curioso que a demanda por democracia, abertura e diversidade concentre-se nas abordagens psicanalíticas, deixando incólumes áreas inteiras que se profissionalizam segundo as regras do mercado. Na mesma direção podemos destacar que tenha sido a psicanálise uma das áreas, inclusive da psicologia e das psicoterapias, que mais cedo se posicionou contra a retração democrática vivida pelo Brasil entre 2016 e 2022. Também nessa linha se pode assinalar que foi desde a psicanálise, com expressiva participação lacaniana, que se despertou o movimento das clínicas públicas, abertas e coletivas, com grande incremento desde 2010.

Aqui aparece um traço menos comentado da sociabilidade lacaniana: o manejo do dinheiro. Pensadas como uma comunidade de elite intelectual, as Escolas de Lacan sempre atraíram jovens interessados em aprender. Ademais, o conceito de Escola presume que muitos não analistas frequentem o espaço. Ela deveria ser um local de formação, não exclusivo para aqueles que se interessam em praticar a psicanálise. Isso foi efetivamente alcançado, em certos momentos da Escola de Lacan e de seu seminário público, aberto e gratuito, quando matemáticos como Pierre Soury e Michel Thomé, historiadores como Michel de Certeau, filósofos como Michel Foucault e Gilles Deleuze frequentavam as discussões e os debates, assim como Lacan frequentava os espaços hospitalares e a Sociedade Francesa de Filosofia. Ainda que de modo precário, as Escolas de psicanálise, divididas e espalhadas como são as de origem lacaniana, apesar de seus defeitos elitistas, jamais se organizaram, de fato, ao modo de corporações explorando trabalho alheio, em formato de grande escala como se vê em grupos ou planos de saúde.

Um efeito colateral das sessões mais curtas, com tempo variável, é que mais pacientes podem ser atendidos por analista. Isso significa que se poderia cobrar menos por sessão. Também as cotas para participar das Escolas foram desde o início muito mais baratas do que nas sociedades psicanalíticas tradicionais. Várias atividades são gratuitas, e até mesmo para participar de cartéis não é preciso pertencer formalmente a uma Escola ou pagar uma cota específica.

Isso quer dizer que as Escolas de psicanálise exercem a dupla função de induzir identificação mas também de praticar o que o direito chama de "controle social difuso". Ou seja, casos de imperícia, imprudência e negligência, as três afecções que definem os efeitos nocivos de qualquer método clínico, não serão julgados por tribunais escolásticos, ainda que eles existam e que punam com ostracismo vários de seus membros.

Comunidades regulam seus praticantes, muitas vezes de forma mais draconiana e codificada do que qualquer dispositivo jurídico. As comunidades escolares lacanianas se pretendem não disciplinares e não punitivas, mas orientadas por um experimento ético de formação coletiva, ainda que geralmente fracassado. "Ética" pode parecer uma palavra vazia, como teria sido a noção de estilo se não tivéssemos encontrado o conjunto de compromissos estéticos, políticos e morais que ela implica. De certa maneira "ética" é um significante flutuante, que pode se referir a algumas máximas, como "não ceder do próprio desejo", não se deixar contar como mais um na massa ou no grupo, não se deixar orientar pelo "serviço dos bens", pelos ideais de amor concluído ou de não dependência.[12] Mas a importância da flutuação do termo "ética" remete mais a uma comunidade conjectural que saberá reconhecer quando se trata de "não ética" do que a um sistema de normas positivas que habilita psicanalistas.

Isso deixará muitos de orelha em pé pelo caráter não republicano, que reproduz a lei privada dos privilégios entre pares. O que é verdade se pensarmos que o reconhecimento entre psicanalistas não passa por regras públicas, mas é falso quando se imagina que todas as atividades devem regular-se ou pela forma empresa ou pelo domínio do Estado. Cientistas, artistas, religiosos, militantes, junto com todos aqueles que têm no horizonte a ética da convicção e não apenas a ética da responsabilidade, dependem de uma comunidade de origem ou de uma comunidade de destino para criar relações de pertencimento. Infelizmente isso significa que psicanalistas se reconhecem como parte de uma elite.

Elite não quer dizer elitismo. A origem da palavra remete àqueles que poderiam ser eleitores entre os principados alemães do século XVI, no interior do Sacro Império Romano-Germânico. Ou seja, elite não são os eleitos, mas os que podem votar, os que podem eleger. Essa implicação de responsabilidade é perdida ao criticarmos em bloco elite e elitismo, classe e riqueza, cultura e erudição. Ao desresponsabilizar e homogeneizar a elite, esquecendo que sua função básica é reconhecer-se como eleitores, não como eleitos, deixamos vago e aberto o caminho para elites culturalmente irresponsáveis, socialmente inconsequentes, desprovidas de autoridade moral e justificadas no poder da violência. "Elite", como vimos, não se confunde com o conceito marxista de classe, mas aparentemente está mais próximo de categorias desenvolvidas por Pierre Bourdieu para designar um conjunto de *habitus* e preferências que criam capital simbólico, cultural ou social, em geral mas não exclusivamente associado com as classes altas.[13] Elite é uma categoria que emerge na esquerda italiana a partir de Gramsci, para designar intelectuais orgânicos no contexto da luta e da hegemonia culturais.[14] É nesse ponto que o estilo oral de Lacan parece despertar alguma conexão com a oralidade histórica e persistente na cultura brasileira. Como se seu discurso fosse a prova de que é possível pertencer à elite letrada, bem-educada, que domina os cânones linguísticos e culturais, e mesmo assim se fazer ouvir por meios que são os meios comuns, a fala, e os poderes comuns que são os da palavra.

Conclusão

No âmbito da teoria da hegemonia tornou-se possível pensar que certos grupos minoritários, em termos de poder, podem fazer representar seus interesses por elites, por exemplo intelectuais, culturais ou artísticas. Mas a condição para que isso aconteça é o progresso dos mecanismos democráticos. Pode não ser uma coincidência que as primeiras aplicações da teoria lacaniana ao campo da política tenham sido levadas a cabo por Claude Lefort e sua tese sobre a democracia radical.[15] O espectro da elite pode envolver tanto a qualificação para tomar decisões quanto o sentido genérico de liderança autêntica, e ainda os formadores de opinião. Aqueles que se engajam institucionalmente na política ou no debate público deveriam suprimir sua pessoalidade para, como elite, se colocar a serviço dos interesses de quem representam.

Acredito que um dos motivos fundamentais pelos quais a estilística lacaniana grassou em território brasileiro é porque ela acena com uma atitude de soberania do saber sobre a primazia da pessoa. Uma das tiradas lacanianas mais repetidas durante os anos de redemocratização era "Não acredito nas pessoas, acredito nos dispositivos", uma tese que parece depender de um grau básico de republicanismo, da confiança na separação entre público e privado e da crença em uma ética de baixos teores normativos. Repudiando toda aderência estilística, ela promete que todos estariam em pé de igualdade diante da nova língua, assim como todos estariam em pé de igualdade diante do inconsciente. É aqui que entra a presença do barroco, como programa discursivo e estético de colonização, mas também de resistência conversa com a experiência brasileira. Sua hibridização de linguagens e códigos, seu sincretismo simbólico e sua abertura para o místico parecem dialogar fortemente com a história de opressão que nos caracteriza.

Entramos aqui em outra encruzilhada do estilo lacaniano. Exigindo um domínio sobre-humano da cultura, da língua e da história, o estilo próprio colocaria cada um diante de um conceito invertido de justiça e equidade. Em vez do acesso positivo à mesma porção de direitos e de bens, a reificação da singularidade, habilitada pela hipertrofia da noção de estilo, se prestaria a naturalizar diferenças e desigualdades de cada um diante do Outro, tornado agora uma versão mitigada do mercado de sofrimento. Nas páginas finais de seu Seminário sobre a ética, Lacan se corrige. Em um raro momento de aproximação com a atitude freudiana de revisão explícita de suas próprias formulações, ele diz que na jornada do psicanalista, repetida de forma invertida com seus futuros analisantes, não se trata de encontrar o desejo puro, mas o *desejo da pura diferença*. A pura diferença não tolera desigualdades nem iniquidades que homogeneízem privilegiados e desprivilegiados. A singularidade não é um privilégio dos que são mais diferentes do que outros.

Isso não reduz a força da barreira simbólica do estilo, com todas as marcas de classe que isso traz consigo. Escolas de psicanálise só funcionam efetivamente como dispositivos de transmissão quando compreendem a si mesmas como comunidades, como instituições, como promessa de invenção de um novo laço e como núcleo de excelência de uma revolução cultural. Isso significa reconhecer e distribuir, ao mesmo tempo, a contradição e os recalques históricos da palavra oral, testemunho em livre associação, contra os regulamentos, as regras e os estatutos institucionais, sejam eles expressos em uma linguagem universal, ao modo barroco, com seus riscos coloniais e suas potências contracoloniais, sejam eles decorrentes do engajamento em uma nova forma de vida, ao modo surrealista, visionário e marginal.

A psicanálise por si mesma não pode oferecer uma teoria política completa, nem servir de modelo para uma elite indefinidamente revoltosa e subversiva. Ela apenas modifica a compreensão ocidental da crítica social, a partir da inclusão da hipótese do inconsciente e da suposição de seu sujeito correlato.[16] Outras bases do processo de emancipação social precisam tomar o sofrimento como categoria política, notadamente quando se trata de levá-lo a se expressar na forma de indivíduo. Ainda que não baste para fazer a crítica do capitalismo, tampouco como parâmetro para políticas contra-hegemônicas e inclusivas, isso se presta a repudiar a despersonalização, a invisibilidade e a desintegração dos sofrimentos, não incluídos nas gramáticas contemporâneas de reconhecimento, tratamento e acolhimento do mal-estar.

Através da análise circunstanciada e diferencial do estilo de Lacan, procurei mostrar como se atualiza na recepção brasileira a tese de Ian Parker e David Pavón-Cuéllar de que existe uma luta de classes dentro da psicanálise.[17] O caso do barroco é particularmente exemplar ao desvelar que a pretensão de estabelecer uma nova linguagem, de ambição universalista, capaz de acolher modos de expressão locais, serve tanto para ilustrar a raiz do empreendimento colonial quanto para historicizar a série de subversões, inversões e revoltas que se levantaram contra ele.

É nesse ponto que o surrealismo lacaniano parece ter encontrado por aqui conexões inéditas com a tradição marxista, com as neovanguardas dos anos 1960 e com a revolução espiritual dos anos 1970. As conexões do surrealismo com a nova crítica decolonial, feminista, antimanicomial e anticapitalista que esboçamos mostra em que termos a chegada do estilo de Lacan ao Brasil esteve associada às aspirações de uma psicanálise crítica. Isso se mostrou particularmente importante durante o período final de resistência à ditadura, durante a redemocratização institucional do país, mas também como reação organizada de resistência ao ressurgimento do autoritarismo no Brasil dos anos 2016.

Este livro pode ser de particular interesse tanto para aqueles que imaginam ser possível uma crítica global ao pensamento de Lacan como para aqueles que se ocupam de realizar o ensino de Lacan como uma obra dotada de unidade estável e sem fissuras, e ainda para aqueles que supõem que o estilo de Lacan é refratário a críticas e imune a suas contradições. A doença infantil do marxismo, diagnosticada por Lênin, tem uma doença-espelho na psicanálise. Lênin dizia que os libertários imaginavam que a revolução poderia prescindir de partidos, de formas sociais concretas, como se o desejo dos revolucionários pudesse se traduzir diretamente em novas formas sociais.[18] Assim também na doença infantil da psicanálise: o "psicanalitismo" supõe uma psicanálise sem suporte social concreto em nenhuma instituição, expressão direta do desejo e da liberdade dos psicanalistas, que tenderia a emergir pela mão ou pela escuta invisível do mercado. De modo inverso, mas no mesmo vetor político, supõe que a psicanálise possa se tornar mais acessível e democrática quando o Estado puder regular seus cursos de graduação e quando as faculdades neoliberais se encarregarem de administrar formações de analistas.

Conclusão

Ao final e ao cabo o estilo não é apenas um dispositivo de individualização de vozes e falas, nem de letras e discursos, mas também, e principalmente, uma forma de dissolução das apropriações excessivas que a psicanálise parece demandar. Cem anos depois de Freud e cinquenta anos depois de Lacan, continuamos a traduzir, transcrever e transliterar o estilo de Lacan como um desafio de ambiguidade e determinação. Ele jamais teria imaginado o impacto transatlântico de suas ideias em um país distante da cultura e dos modos psicanalíticos franceses. Mas é justamente por isso que nossa tarefa se mostra tão aberta às novas revoluções da cultura que estão por vir.

Agradecimentos

Gostaria de agradecer àqueles que me ajudaram, com suas leituras e comentários, a refinar os originais deste estudo, particularmente Patrícia Rousseaux e Luciana Salum, mas também Sergio Fingermann, com quem tenho discutido história da arte desde o começo de minha formação. Meus alunos dos Seminários de Quintas-Feiras sobre a Obra de Lacan contribuíram decisivamente para aclarar as relações entre mística barroca do negativo e surrealismo. Também nas sucessivas apresentações sobre história da psicanálise junto ao Fórum do Campo Lacaniano pude testar algumas ideias aqui desenvolvidas. Agradeço a Guillermo Milán-Ramos pelas conversas sobre escrita e oralidade, a Vladimir Safatle pelas discussões sobre a tradição crítica brasileira e a Luciana Guarreschi pela oportunidade de testar estas ideias "no interior". Agradeço igualmente a Bruno Katz, pela leitura do último capítulo. Como sempre, gratidão eterna a Cris, Maths, Naths e Marina pelo apoio nessa travessia editorial. Por fim, tenho que agradecer ao meu supereditor Ricardo Teperman, que apostou neste projeto, e a Cristina Zahar e Clarice Zahar, que imprimiram à sua execução um rigoroso detalhamento.

Notas

Introdução [pp. 9-26]

1. Gilson Iannini, *Estilo e verdade em Jacques Lacan*. Belo Horizonte: Autêntica, 2012.
2. Érik Porge, "Lire, écrire, publier: Le style de Lacan". *Essaim*, n. 7, p. 8.
3. Jacques Lacan, "A psicanálise e seu ensino". In: *Escritos*. Rio de Janeiro: Zahar, 1998. p. 460.
4. Artur Mourão, "Apresentação". In: George-Louis de Buffon, *Discurso sobre o estilo*. Covilhã: Lusosofia, 2011 (1753), p. 3.
5. Jacques Lacan, "Ouverture de ce recueil". In: *Écrits*. Paris: Seuil, 1966, p. 10.
6. Ibid.
7. Jacques Lacan, "Subversão do sujeito e dialética do desejo no inconsciente freudiano". In: *Escritos*, op. cit., p. 815.
8. Ibid., p. 11.
9. Jacques Lacan, "Abertura desta coletânea". In: *Escritos*, op. cit., p. 9. No original: *"Mais si l'homme se réduisait à n'être rien que le lieu de retour de notre discours, la question ne nous em reviendrait-elle pas d'à quoi bon le lui adresser?"*.
10. Apesar do modo interrogativo da frase, ela sugere uma recepção conclusiva e afirmativa como caso lógico do juízo hipotético: *se... então*. Na pergunta há duas partículas negativas, "reduzir-se" e "nada ser", ou seja, *se ele não fosse menos do que X então não nos voltaria Y*. O sujeito da frase é "homem", mas seu predicado é indeterminado, ele pode "nada ser" ou "ser nada". Não sabemos se "homem" refere-se a sujeito, definido como lugar de fala ou o mero exemplar empírico do gênero masculino. Há uma dupla negação, recurso muito frequente em Lacan: *"não é nada além de"*. Ela pode indicar tanto que o "homem" é o "lugar de retorno de nosso discurso" (ser nada senão um lugar) quanto o sujeito em terceira pessoa (o homem

que nada é). Há uma quarta inflexão negativa feita com função interrogativa: "não nos voltaria". A escolha do verbo voltar depois do emprego do termo "retorno" nos leva a uma espécie de volta da volta. A volta do que se disse ao outro sobre si e a volta que endereça nossa questão ao Outro. "lho endereçar" significa endereçar a ele, endereçar ao outro.
11. Christian Dunker, *A paixão da ignorância*. São Paulo: Contracorrente, 2022.

1. Oralidade [pp. 27-60]

1. Aimée afirmava que o best-seller *Kœnigsmark*, de Pierre Benoit, adaptado ao cinema por Léonce Perret em 1923, representava um plágio de suas ideias. Ver Margueritte Anzieu, *Aimée*. Paris: Epel, 2001.
2. "Lacan interessava-se também pelo dadaísmo e logo descobriu o espírito novo e o primeiro surrealismo por intermédio da revista *Littérature*. Conheceu André Breton e Philippe Soupault, e assistiu maravilhado à primeira leitura do *Ulysses*, de James Joyce, na livraria Shakespeare and Co." Élisabeth Roudinesco, *Jacques Lacan: Esboço de uma vida, história de um sistema de pensamento*. São Paulo: Companhia das Letras, 1997, p. 33.
3. Jacques Lacan, "O problema do estilo e a concepção psiquiátrica das formas paranoicas de experiência". In: *Da psicose paranoica em suas relações com a personalidade*. Rio de Janeiro: Forense, 1988, p. 380.
4. Jules Séglas, *Des Troubles du langage chez les aliénés*. Paris: J. Rueff et C., 1892.
5. Catherine Clément, *Vidas e lendas de Jacques Lacan*. Trad. Maria Clara Kneese. São Paulo: Moraes, 1983.
6. Jacques Lacan, "O seminário sobre 'A carta roubada'" (1955). In: *Escritos*. Trad. Vera Ribeiro. Rio de Janeiro: Zahar, 1998, pp. 13-66.
7. Jacques Lacan, "Juventude de Gide ou A letra e o desejo" (1958). In: *Escritos*, op. cit. pp. 749-75.
8. Jacques Lacan, "Kant com Sade" (1963). In: *Escritos*, op. cit., pp. 779-806.
9. Jacques Lacan, "Prefácio a *O despertar da primavera*" (1974). In: *Outros escritos*. Trad. Vera Ribeiro. Rio de Janeiro: Zahar, 2003, pp. 557-9.
10. Jacques Lacan, "Homenagem a Marguerite Duras pelo arrebatamento de Lol V. Stein" (1965). In: *Outros escritos*, op. cit., pp. 198-205.

11. Jacques Lacan, "Joyce, o Sintoma" (1977). In: *Outros escritos*, op. cit., pp. 560-6.
12. Maria Pierrakos, *A "batedora" de Lacan: Lembranças de uma estenotipista irritada, reflexões de uma psicanalista aflita*. São Paulo: Perspectiva, 2003, p. 20.
13. Ibid., p. 27.
14. Ibid., p. 30.
15. O dandismo foi um estilo de vida cultivado na época vitoriana, que consistia em ter bom gosto e senso estético da nobreza sem pertencer a ela. Na França apareceu na figura descrita por Baudelaire do poeta errante, que pratica a *flânerie*, como arte de viver a vida de maneira intensa, feito um personagem ou uma subespécie de intelectual que valoriza a beleza dos pormenores e critica a vulgaridade.
16. Dani Nobus, "O *Escritos* de Lacan revisitado". Trad. Paulo Beer. *Lacuna: Uma revista de psicanálise*, n. 7, 7 ago. 2019. Disponível em: <https://revistalacuna.com/2019/08/07/n-7-6/>.
17. Jacques Lacan, *O triunfo da religião precedido de Discurso aos católicos* (1974). Rio de Janeiro: Zahar, 2005, pp. 53-85.
18. Ver <https://www.lacan.com/bibliographyxx.htm>.
19. Considerando 25 volumes do Seminário — do livro 1, *Os escritos técnicos de Freud* (1953-4), ao 25, *Momento de concluir* (1980-1) —, além dos seminários sobre *Os Nomes-do-Pai* (1963), que teve apenas uma lição, e a *Dissolução*, mas não a *Conferência de Caracas* (1980).
20. Segundo alguns comentadores, poderiam ser considerados como parte dos Seminários as aulas *Sobre o Homem dos Lobos*, de 1951 (conhecido como Seminário –1); as aulas sobre Dora, realizadas no número 3 da rue de Lille e sintetizadas em "Intervenção sobre a transferência" (constante nos *Escritos*); o texto do *Mito individual do neurótico*, de 1952, originalmente uma palestra realizada no Colégio Filosófico; e a *Conferência de Caracas*, de 1980.
21. "O estádio do espelho" (1936-49), "Agressividade em psicanálise" (1948), "Introdução teórica às funções da psicanálise em criminologia" (1950), "Função e campo da fala e da linguagem em psicanálise" (1953), "Premissas para qualquer desenvolvimento possível da criminologia" (1951), "Discurso de Roma" (1953), "A instância da letra no inconsciente ou A razão desde Freud" (1957), "A significação do falo" (1958), "A direção do tratamento e os princípios de seu poder"

(1958), "À memória de Ernest Jones" (1960), "Diretrizes para um Congresso sobre a sexualidade feminina" (1960), "Observação sobre o relatório de Daniel Lagache: 'Psicanálise e estrutura da personalidade'" (1961), "Do Trieb de Freud e do desejo do psicanalista" (1964), "A terceira" (1975), "O Simbólico, o Imaginário e o Real" (1953).

22. "Para-além do 'princípio de realidade'" (1936), "Formulações sobre a causalidade psíquica" (1946), "A psiquiatria inglesa e a guerra" (1947), "A coisa freudiana ou O sentido do retorno a Freud em psicanálise" (1955), "Posição do inconsciente no congresso de Bonneval" (1960), "Intervenção no 1 Congresso Mundial de Psiquiatria" (1950).

23. "Afasia em um traumatizado de guerra" (1928), "Loucuras simultâneas" (1931), "Estrutura das psicoses paranoicas" (1931), "Escritos 'inspirados': Esquizografia" (1931), "Alucinações e delírios" (1935).

24. "Introdução ao comentário de Jean Hyppolite sobre a *Verneinung* de Freud" (1953) e "Resposta ao comentário de Jean Hyppolite sobre a *Verneinung* de Freud" (1954), "O seminário sobre 'A carta roubada'" (1955), "De uma questão preliminar a todo tratamento possível da psicose" (1957-8), "Os quatro conceitos fundamentais da psicanálise" (1964), "A ciência e a verdade" (1966), "Problemas cruciais para a psicanálise" (1964-5), "O objeto da psicanálise" (1965-6), "A lógica da fantasia" (1966-7), "O ato do psicanalista" (1967-68), "... ou pior" (1971-2).

25. "O problema do estilo e a concepção psiquiátrica das formas paranoides da experiência" (1933), "Motivos do crime paranoico: O crime das irmãs Papin" (1933), "O tempo lógico e a asserção de certeza antecipada" (1945), "Juventude de Gide ou A letra e o desejo" (1958), "O número 13 e a forma lógica da suspeita" (1945-46), "Maurice Merleau-Ponty" (1961), "Homenagem a Marguerite Duras pelo arrebatamento de Lol V. Stein" (1965), "Lituraterra" (1971), "Joyce, o Sintoma" (1977).

26. "Psicologia e estética" (1935), "O mito individual do neurótico" (1953), "Situação da psicanálise e formação do psicanalista em 1956" (1956), "A psicanálise e seu ensino" (1957), "A psicanálise verdadeira e a falsa" (1958), "Subversão do sujeito e dialética do desejo no inconsciente freudiano" (1960), "Respostas a estudantes de filosofia" (1966).

27. "Kant com Sade" (1963), "Apresentação das *Memórias de um doente dos nervos*" (1966), "Prefácio à edição dos *Escritos* em livro de bolso" (1970), "Prefácio a uma tese" (1970), "Prefácio ao Seminário 11"

(1973-9), "Introdução à edição alemã de um primeiro volume dos *Escritos*" (1973), "Prefácio a *O despertar da primavera*" (1974), "Talvez em Vincennes..." (1975), "Aviso ao leitor japonês" (1972), "Nota italiana" (1982), "Notas sobre a criança" (1983), "Prefácio à edição inglesa do Seminário 11" (1989).
28. "Variantes do tratamento padrão" (1955), "Complexos familiares na formação do indivíduo" (1938).
29. "Ata de fundação" (1964), "Proposição de 9 de outubro de 1967 sobre o psicanalista da École" (1967), "Discurso na Escola Freudiana de Paris" (1967), "Alocução sobre as psicoses de criança" (1967), "Pequeno discurso no ORTF" (1966), "Pronunciamento na Escola" (1969).
30. "Radiofonia" (1970), "Televisão" (1974), "Carta de dissolução" (1980).
31. "O engano do sujeito suposto saber" (1968), "A psicanálise: Razão de um fracasso" (1968) e "Da psicanálise e suas relações com a realidade" (1967), "Introdução de *Scilicet* no título da revista da EFP" (1968), "Alocução sobre o ensino" (1970), "O aturdito" (1973).
32. Sigmund Freud, "De quelques mécanismes névrotiques de la jalousie, la paranoia et l'homosexualité" (1932); Martin Heidegger, "Logos" (1956).
33. *Da psicose paranoica em suas relações com a personalidade* (1932).
34. Reunidos em *Primeiros escritos*. Rio de Janeiro: Zahar, 2024.
35. Disponível em: <https://ecole-lacanienne.net/bibliolacan/pas-tout-lacan/>.
36. Disponível em: <http://staferla.free.fr/>.
37. Jacques-Alain Miller, *Fraçois Ansermet entrevista Jacques-Alain Miller sobre a publicação dos seminários de Jacques Lacan*. São Paulo: Toro, 2022. pp. 9-10, 13, 17.
38. "A literatura não passa de uma acomodação de restos, é uma questão de colocar no escrito aquilo que, de início, primitivamente, seria canto, mito falado, procissão dramática." Jacques Lacan, *O Seminário*, Livro 18: *De um discurso que não fosse semblante*. Rio de Janeiro: Zahar, 2014.
39. Geoffrey Sampson, *Sistemas de escrita: Tipologia, história e psicologia*. São Paulo: Ática, 1996.
40. Jacques Lacan, "A instância da letra no inconsciente ou A razão desde Freud". In: *Escritos*. Rio de Janeiro: Zahar, 1998.
41. Émile Benveniste, *Problemas de linguística geral*. São Paulo: Companhia Editora Nacional; Edusp, 1976, p. 277.

42. A função performativa foi descrita na filosofia da linguagem por John Austin (cf. *Quando dizer é fazer: Palavras e ação*. Porto Alegre: Artes Médicas, 1997). Austin diferenciou o uso constatativo da linguagem, no qual temos proposições e sentenças descritivas que podem ser ou verdadeiras ou falsas, da função performativa da linguagem, que aparece principalmente por meio de verbos como prometer, apostar, confiar, consentir, em que os enunciados só podem ser ou felizes ou infelizes (em termos de "resultados").
43. Oscar Bloch & Walther Von Warburg, *Dictionnaire étimologique de la langue française*. Paris: PUF, 1996.
44. Para Frege todo conceito possui intensão (*Bedeutung*) e extensão (*Sinn*). A extensão, conotação ou sentido de um conceito é o conjunto de todos os objetos que caem sob o conceito. Em Freud o termo aparece ligado ao sentido dos sintomas. Em Lacan, indica o sentido do signo, que representa algo para alguém. Por exemplo, a extensão do conceito "gato" é o conjunto de todos os casos de objetos que se incluem sob o termo *gato*. Já a intensão (com "s"), para Frege, é a referência, significação ou a proposição expressa pelo conceito. Sentenças são logicamente equivalentes quando a intensão delas é idêntica. Sentenças são verdadeiras ou falsas em relação ao seu uso intensional. Gottlob Frege, "Sobre sentido e referência". In: *Lógica e filosofia da linguagem*. São Paulo: Cultrix, 1978, pp. 59-87.
45. Matema é uma expressão criada por Lacan a partir do conceito de Lévi-Strauss conhecido como "mitema", ou seja, um tópico ou lugar constante e estrutural na narrativa de um mito. Por exemplo, no mito de Édipo (ou épica das Labdácidas) podemos contar os mitemas da sobrevalorização das relações de parentesco, da subvalorização das relações de parentesco e da ultrapassagem das relações de parentesco pelo enfrentamento de um ser que vive embaixo da terra, a Esfinge, além do mitema que se refere a um dano corporal nos protagonistas geracionais (Édipo tem pés inchados, Laio é gago e Lábdaco é manco). Lacan deriva da ideia de mitema a escrita de conceitos psicanalíticos como matemas, supondo que eles possuem grande variação possível de leitura, mas igualmente uma grande precisão de escritura.
46. Releitura que Lacan propõe da teoria psicanalítica da sexualidade, a partir da forma como os semblantes de "homem" ou "mulher" posicionam-se em relação aos seus modos preferenciais de gozo e

à maneira de tomar o outro como objeto na fantasia. Ver Jacques Lacan, *O Seminário*, Livro 20: *Mais, ainda*. Rio de Janeiro: Zahar, 1988.
47. Jacques Lacan, "Joyce, o Sintoma". In: *Outros escritos*, op. cit., p. 564.
48. Sobre a tese 1: "O símbolo se manifesta inicialmente como assassinato da coisa" ("Função e campo da fala e da linguagem". In: *Escritos*, op. cit., p. 320). Sobre a tese 2: "O analista é ainda menos livre naquilo que domina a estratégia e a tática, ou seja, em sua política, onde ele faria melhor situando-se em sua falta-a-ser do que em seu ser" ("A direção do tratamento e os princípios de seu poder". In: *Escritos*, op. cit., p. 596). Sobre a tese 3: "É apenas da ordem do complemento introduzido acima em qualquer postulação do universal como tal que, num ponto do discurso, seja preciso que uma existência, como se costuma dizer, oponha-se como desmentido à função fálica, para que postulá-la seja 'possível', o que é o pouco com que ela pode pretender à existência" ("O aturdito". In: *Outros escritos*, op. cit., pp. 457-8). Sobre a tese 4: "O real é o que se retorna sempre ao mesmo lugar" (*O Seminário*, Livro 11: *Os quatro conceitos fundamentais da psicanálise*. Rio de Janeiro: Zahar, 1988, p. 45).
49. Philippe Willemart, *A Idade Média e a Renascença na literatura francesa*. São Paulo: Annablume, 2000.
50. Jacques Lacan, *O Seminário*, Livro 15: *O ato psicanalítico*. Staferla.
51. Jacques Lacan, *O Seminário*, Livro 16: *De um Outro ao outro*. Rio de Janeiro: Zahar, 2008.
52. Alain Badiou; Élisabeth Roudinesco, *Jacques Lacan: Passado presente*. São Paulo: Difel, 2012, pp. 61-2.
53. J. Damourette; E. Pichon, *Des mots à la pensée: Essai de grammaire de la langue fraçaise, 1911-1940*. Paris: Èditions d'Artrey, 1943. v. 6.
54. Bruno Focas Vieira Machado, *A gramática de Damourette e Pichon com Lacan: Uma problemática da enunciação*. Alfa, São Paulo, v. 56, n. 1, 2012.
55. Ibid., p. 316.
56. Jacques Lacan, *O Seminário*, Livro 6: *O desejo e sua interpretação*. Rio de Janeiro: Zahar, 2016, p. 59.
57. Nicolas Boileau-Despréaux, autor do poema "A arte poética" (1674), surge como teórico da literatura na França durante a época do Rei Sol, Luís XIV. Sua arte poética, assim como a de Aristóteles, é "uma reflexão sobre obras-primas anteriores, e não um código com leis

a serem seguidas pelos renomados autores", o que faz de Boileau não "um orientador para a elaboração das grandes obras de seu tempo", mas antes um "definidor da doutrina chamada clássica". Célia Berrettini, Prefácio. In: Nicolas Boileau-Despréaux, *A arte poética*. São Paulo: Perspectiva, 1979, pp. 7-13.
58. Cleyton Andrade, *Lacan chinês: Para além das estruturas e dos nós*. Belo Horizonte: Autêntica, 2023.
59. François Cheng, "Lacan e o pensamento chinês". In: J. Aubert et al., *Lacan: O escrito, a imagem*. Trad. Yolanda Vilela. Belo Horizonte: Autêntica, 2012.
60. Jacques Lacan, *O Seminário*, Livro 1: *Os escritos técnicos de Freud*. Rio de Janeiro: Zahar, 2009, p. 9.
61. Walter J. Ong, *Orality and Literacy*. Londres: Routledge, 1982.
62. Jacques Lacan, "O aturdito". In: *Outros escritos*, op. cit., p. 468.
63. Henri Meschonnic, *Poética do traduzir*. São Paulo: Perspectiva, 1999, p. 164.
64. Jorge Baños Orellana, *El idioma de los lacanianos*. Buenos Aires: Atuel, 1995.
65. Thomas Kuhn, *A estrutura das revoluções científicas*. São Paulo: Perspectiva, 1966.

2. Mística medieval e negatividade [pp. 61-80]

1. Segundo Manuel Antônio de Castro, "mistério vem do verbo grego *myestai* e significa: o que se retrai no e como silêncio. Por isso, o sagrado é a voz do silêncio" e "normalmente se separam realidade e mistério, como se soubéssemos o que é mistério e o que é realidade. Nem um nem outro cabem no saber, só no não-saber de todo saber". Apud Emmanuel Carneiro Leão "Heidegger e modernidade: A correlação de sujeito e objeto". In: *Aprendendo a pensar II*. Petrópolis: Vozes, 1992, p. 175.
2. Jacques Lacan, "A coisa freudiana ou Sentido do retorno a Freud em psicanálise". In: *Escritos*. Rio de Janeiro: Zahar, 1998, p. 406.
3. Jacques Lacan, *O Seminário*, Livro 1: *Os escritos técnicos de Freud*. Rio de Janeiro: Zahar, 1996, pp. 129-30.
4. Jacques Lacan, "A coisa freudiana ou Sentido do retorno a Freud em psicanálise", op. cit., p. 410.

5. "Hegel diz do conceito: *o conceito é o tempo da coisa*. [...] [Quando Freud diz] que o inconsciente se coloca fora do tempo. É e não é verdade. Ele se coloca fora do tempo exatamente como o conceito, porque é o tempo de si mesmo, o tempo puro da coisa e pode como tal reproduzir a coisa numa certa modulação, de que qualquer coisa pode ser o suporte material. Não se trata de outra coisa no automatismo de repetição." Jacques Lacan, *O Seminário*, Livro 1, op. cit., pp. 275-6.
6. "Toda palavra formulada como tal introduz no mundo o novo da emergência de sentido. Não é que ela se afirme como verdade, mas antes que introduz no real a dimensão da verdade. [...] Na análise a verdade surge pelo que é o representante mais manifesto da equivocação — o lapso, a ação que se chama impropriamente falhada." Ibid., pp. 299 e 302.
7. Ibid., p. 308.
8. Isso significa recusar as quatro premissas que compunham o compromisso entre psicopatologia e religião ao longo do século XIX, a saber: 1) O diagnóstico deve levar em conta o grau e qualidade da vinculação religiosa com índice patológico; 2) A etiologia da loucura deve considerar tanto a falta quanto o excesso de religiosidade; 3) O tratamento envolve enquadramento disciplinar, moral e religioso da loucura; e 4) O tratamento promovido pelos alienistas é moralmente o equivalente da conversão religiosa. Cf. Tiago Pires Marques, "Religião e anticlericalismo no nascimento da psiquiatria moderna (Portugal e França, c. 1870-c. 1920)". In: Franco Savarino e Yves Solís (Orgs.), *El anticlericalismo en Europa y América Latina: Una visión transatlântica*. Lisboa: Universidade Católica Portuguesa; Centro de Estudos de História Religiosa, 2011.
9. Pierre Janet, *De l'angoisse à l'extase: Études sur les croyances et les sentiments*. Tomo 1. Paris: Alcan, 1975 (1926).
10. Expressão de Bourdieu designando "o conjunto de consequências psíquicas de um gesto primordial de repressão da dimensão religiosa que integrava o ambiente cultural em que esses homens de ciência se moviam. [...] o "místico" representava, para esses psiquiatras, um outro de si mesmo, que ganhava, na figura do louco, uma dimensão angustiante". Pierre Bourdieu e Jacques Maître, "Avant-propos dialogué". In: Jacques Maître, *L'Autobiographie d'un paranoïaque*. Paris: Economica, 1994, pp. V-XXII.

11. Boris Groys, *Introdução à antifilosofia*. São Paulo: Edipro, 2013, pp. 132-49.
12. "Vou mais longe: digo que, no fim das contas, a única teoria do desejo em que poderíamos reconhecer, seu eu puser os pingos nos is, os esboços dos números que me servirão para articulá-la para vocês é aquele que os dogmas religiosos orientam. Não é por acaso que o desejo está inscrito na articulação religiosa — claro que em recantos protegidos — de acesso reservado, para os comuns mortais, os fiéis — em recantos chamados 'mística'." Jacques Lacan, *O Seminário*, Livro 6: *O desejo e sua interpretação*. Rio de Janeiro: Zahar, 2016, p. 440.
13. Michel Foucault, *A hermenêutica do sujeito*. São Paulo: Martins Fontes, 1980, p. 40.
14. Friedrich Hölderlin, "O mais antigo programa-sistema do idealismo alemão". *Ítaca*, n. 34, 2020.
15. "O grito faz, de qualquer modo, o silêncio se refugiar no impasse mesmo de onde ele jorra para que o silêncio escape, mas já está feito. Quando nós vemos a imagem de Munch, o grito está atravessado pelo espaço do silêncio, sem que ele o habite. Eles não estão ligados nem por estarem juntos, nem por se sucederem. O grito faz o abismo onde o silêncio se precipita." Jacques Lacan, *O Seminário*, Livro 12: *Problemas cruciais para a psicanálise*, inédito.
16. Alexandre Koyré, *Mystiques, spirituels, alchimistes du XVIe siècle allemand*. Paris: Gallimard, 1971.
17. Espelho sofiânico é uma maneira de conceber o conhecimento diferenciando-o do saber (*sophia*). Enquanto o conhecimento baseia-se na representação positiva e reflexiva do objeto, o saber baseia-se no reconhecimento do engano, do erro ou da falsidade, decorrentes das deformações ou impurezas introduzidas pelo próprio espelho, no processo de aproximação do objeto.
18. Dany-Robert Dufour, *Lacan e o espelho sofiânico de Böhme*. Rio de Janeiro: Companhia de Freud, 1990, p. 34.
19. Angelus Silesius, *Peregrino querubínico*. São Paulo: Paulus, 2006, p. 26.
20. John Gale, "Angelus Silesius: Some *Lesefrüchte* on the Background to Lacan's *Seminar*". *European Journal of Psychoanalysis*, v. 7, n. 1, 2020.
21. "Por mais obscuro que seja seu significado, elas são, ainda assim, significativas. E que o místico é um *modus loquendi* (modo de dizer), semelhante ao poético com seu uso de imagens." Ibid.

22. Jacques Lacan, *O Seminário*, Livro 1, op. cit., p. 264.
23. Jacques Derrida, *Éperons: Les Styles de Nietzsche; Spurs: Nietzsche's Styles*. Venice: Corbo e Fiore, 1976, p. 85. Considerar, por exemplo: "A rosa é sem porquê, está em flor porque é flor,/ Não perguntes se a vemos, de ti não quer saber// Deus é como uma fonte: derrama-se sem fim/ Nas suas criaturas, e fica sempre em Si". "Dois epigramas de Angelus Silesius (i.e. Johannes Scheffler)", trad. João Barrento. Blog Vicio da Poesia, 6 dez. 2012.
24. "[Na maneira de Aristóteles] assinalar o que é a *ousia*, ou, em outras palavras, o real, ele se comporta como um místico. O que é próprio da ousia, como ele mesmo diz, é que ela não pode ser atribuída, de maneira alguma. Não é dizível. O que não é dizível é, precisamente, o que é místico. Ele não fala muito por esse lado, mas dá lugar ao místico. É evidente que a solução da questão da Ideia não podia ocorrer a Platão. É pelo lado da função e da variável que tudo isso encontra sua solução." Jacques Lacan, *O Seminário*, Livro 17: *De um discurso que não fosse semblante*. Rio de Janeiro: Zahar, 2009, p. 265.
25. Jacques Lacan, *O Seminário*, Livro 1, op. cit., p. 233.
26. Werbert Cirilo Gonçalves, "A tradição apofática: Perspectivas filosófica, teológica e mística do apofatismo". *Interações*, v. 17, n. 1, 2022.
27. Antoine Faivre, *Accès de l'ésotérisme occidental*. Paris: Galimard, 1996.
28. Alexandre Koyré, *Do mundo fechado ao universo infinito*. São Paulo: Brasiliense, 2016, pp. 10, 12-3, 18-9.
29. "Os antigos não chegaram às coisas que expusemos porque eram deficientes na *douta ignorância*. [...] Assim, a trama do mundo (*machina mundi*) quase terá seu centro em toda parte e sua circunferência em parte alguma, porque a circunferência e o centro são deus, que está em toda parte e em parte alguma." Alexandre Koyré, *Do mundo fechado ao universo infinito*, op. cit., p. 19.
30. "A certeza não está no resultado, mas no estilo da ação. A temporalidade e a heterogeneidade da ação impedem, na realidade, a certeza, mas há algo de intemporal na vontade que se determina a ser sempre determinada, na resolução de fazer bom uso do seu livre-arbítrio." Pierre Guenancia, *Descartes*. Rio de Janeiro: Zahar, 1986, p.121.
31. Ibid., p. 323.

32. Ibid., p. 312.
33. Ibid., p. 322.
34. Ibid., p. 319.
35. Ibid., p. 309.
36. Ibid.
37. Jacques Lacan, "A direção do tratamento e os princípios de seu poder". In: *Escritos*, op. cit.
38. Ceci Maria Costa Baptista Mariani e Maria José Caldeira do Amaral, "A mística como crítica nas narrativas de mulheres medievais". *Revista de Cultura Teológica*, n. 86, jul.-dez. 2015.
39. "Essas jaculações místicas, não é lorota nem só falação, é em suma o que se pode ler de melhor — podem pôr em rodapé, nota — *Acrescentar os* Escritos *de Jacques Lacan*, porque é da mesma ordem. Com o que, naturalmente, vocês vão ficar todos convencidos de que eu creio em Deus. Eu creio no gozo da mulher, no que ele é a mais, com a condição de que esse *a mais* vocês coloquem um anteparo antes que eu o tenha explicado bem." Jacques Lacan, *O Seminário*, Livro 20: *Mais, ainda*. Rio de Janeiro: Zahar, 1988, p. 103.
40. Silvia Federici, *Calibã e a bruxa: Mulheres, corpo e acumulação primitiva*. São Paulo: Elefante, 2017.
41. "É algo de sério, sobre o qual nos informam algumas pessoas, e mais frequentemente mulheres, ou bem gente dotada como São João da Cruz — porque não se é forçado, quando se é macho, de se colocar do lado do $\overline{\forall}x\varphi x$. Pode-se também colocar-se do lado do não-todo. Há homens que lá estão tanto quanto as mulheres [...] eles [finalmente] experimentam a ideia de que deve haver um gozo que esteja mais além. É isto que chamamos os místicos." Jacques Lacan, *O Seminário*, Livro 20, op. cit., p. 102.
42. Maruzania Soares Dias, *O gozo de Deus: Uma análise lacaniana da experiência mística na obra de Marguerite Porete*. Dissertação de Mestrado (Ciências da Religião). São Paulo: PUC-SP, 2010, p. 58.
43. Ibid., p. 46.
44. "Tudo o que a alma vem a receber, pelo aniquilamento do seu volitivo e existenciante exílio da divindade, é isso mesmo que nela eternamente é, ou seja, *nada*." Paulo Borges, "Do bem de nada ser: Supraexistência, aniquilamento e deificação em Margarida Porete". *Mediaevalia*, v. 25, 2006, p. 201.

45. Maruzania Soares Dias, *O gozo de Deus*, op. cit., p. 51.
46. Maurice Merleau-Ponty, *O visível e o invisível*. São Paulo: Perspectiva, 2014, p. 136.
47. "A luz que vejo não pertence a um lugar. É muito mais resplandecente do que a nuvem que leva ao sol, e não sou capaz de considerar nela nem sua altura nem sua longitude. Se me dizes que essa luz é a sombra de luz viva e, tal como o sol, a lua e as estrelas aparecem na água, assim resplandecem para mim as escrituras, sermões, virtudes e algumas obras dos homens formados nesta luz." Hadewijch de Antuérpia, carta a Gilberto de Gembloux, 1178. Apud Moisés Sbardelotto e Felisa Elizondo, "Hildegard e Hadewijch: Mística da luz viva, mística do amor". *Revista do Instituto Humanitas Unisinos*, ano II, n. 385, 19 dez. 2011, p. 48.
48. "Nomeadamente tu e eu, que não ainda conseguimos não ter o que temos, e que estamos tão longe de ser o que (nós) somos, necessitamos sem poupar nada, de tudo o que nos falta para tudo e aprender, unicamente e nobremente, o que a vida perfeita de Amor [*Minne*] nos tocou para a sua obra." Hadewijch de Antuérpia apud Joana de Fátima Gonçalves Pita do Serrado, *Amar, experienciar, transformar: Minnen, Varen, Verwandelen: Três verbos místicos em Hadewijch de Antuérpia*. Porto: Universidade do Porto, 2004 (Dissertação de mestrado), p. 9.
49. Jacques Lacan, *O Seminário*, Livro 20, op. cit., p. 103.

3. Torção barroca e deformações maneiristas [pp. 81-119]

1. Jacques Lacan, *O Seminário*, Livro 20: *Mais, ainda*. Rio de Janeiro: Zahar, 1985, pp. 154, 156, 158.
2. "O exame das fantasias que encontramos nos sonhos e em certos impulsos permite afirmar que elas não se relacionam com nenhum corpo real, mas com um manequim heteróclito, uma boneca barroca, um troféu de membros em que convém reconhecer o objeto narcísico cuja gênese evocamos mais acima." Jacques Lacan, "Os complexos familiares na formação do indivíduo". In: *Outros escritos*. Rio de Janeiro: Zahar, 2003, p. 59.
3. Ainda que Lacan discorde da teoria das místicas que postulava que esse gozo do Outro era signo de amor. Cf. Jacques Lacan, *O Seminário*, Livro 20, op. cit., p. 23.

4. Jacques Lacan, *O Seminário*, Livro 17: *O avesso da psicanálise*. Rio de Janeiro: Zahar, 1992, p. 12.
5. Mélinda Marx; Jean-Luc Gaspard, "O barroco como estética do inconsciente: O estilo do clínico no espaço do corpo". *Lacuna: Uma revista de psicanálise*, n. 11, p. 6, 2021. Disponível em: <https://revistalacuna.com/2021/07/19/n-11-06/>.
6. Jacques Lacan, *O Seminário*, Livro 5: *As formações do inconsciente*. Rio de Janeiro: Zahar, 1999, p. 33.
7. "Uma obra de arte maneirista é sempre uma peça de bravura, um truque triunfante de prestidigitação, uma exibição de fogos de artifício com centelhas e cores volantes. [...] Uma beleza demasiado bela torna-se irreal, uma força demasiado forte torna-se acrobática, demasiado conteúdo faz perder todo o significado [...]. O conflito expressa o conflito da própria vida e a ambivalência de todas as atitudes humanas [...] [seu] princípio dialético subjacente." Arnold Hauser, *Maneirismo: A crise da Renascença e o surgimento da arte moderna*. São Paulo: Perspectiva, 1993, p. 21.
8. Disponíveis, por exemplo, em <https://www.valas.fr/?lang=fr>.
9. Jacques Lacan, "Situação da psicanálise em 1956". In: *Escritos*, Rio de Janeiro: Zahar, 1998, p. 469.
10. Jacques Lacan, *O Seminário*, Livro 20, op. cit., p. 145.
11. Norbert Elias, *O processo civilizador*. Rio de Janeiro: Zahar, 1990.
12. Richard Sennett, *O declínio do homem público: As tiranias da intimidade*. Rio de Janeiro: Record, 2014.
13. Anthony Giddens, *As consequências da modernidade*. São Paulo: Unesp, 2002.
14. Lucien Febvre, *O problema da incredulidade no século XVI*. São Paulo: Companhia das Letras, 2009.
15. Dominique Maingueneau, *Discurso literário*. São Paulo: Contexto, 2006.
16. Heinrich Wölfflin, *Conceitos fundamentais de história da arte*. São Paulo: Martins Fontes, 1989, pp. 15-6.
17. *Trompe-l'oeil* é uma técnica artística que, com truques de perspectiva, cria uma ilusão ótica que faz formas de duas dimensões aparentarem possuir três dimensões. Provém de uma expressão em língua francesa que significa "engana o olho" e é usada principalmente em pintura e arquitetura.

18. "Este Arcimboldo, que trabalhava em parte na corte do famoso Rodolfo II da Boêmia, que deixou outras marcas na tradição do objeto raro, se distingue por uma técnica singular, que deu seu último broto na obra de meu velho amigo Salvador Dalí, naquilo que ele chamou de desenho paranoico. Por exemplo, tendo de representar a figura do bibliotecário de Rodolfo II, Arcimboldo o faz por meio de uma sábia composição dos utensílios primordiais da função do bibliotecário, a saber, livros, dispostos sobre o quadro de maneira que a imagem de um rosto seja, mais que sugerida, realmente imposta." Jacques Lacan, *O Seminário*, Livro 8: *A transferência*. Rio de Janeiro: Zahar, 2008, p. 295. Sobre a tela *Eros e Psiquê*, de Zucchi, ver ibid., p. 275.
19. Luzia traz seus próprios olhos para o algoz que a tortura e Ágata oferece seus seios (assim como Psiquê, ao invadir o quarto de Eros, recebe dele a oferta de seu amor, à condição de jamais ser visto). Lacan destaca desse percurso a ideia de que os seios, no primeiro caso, e os olhos, no segundo, são tratados como órgãos de dupla função.
20. Jacques Lacan, *O Seminário*, Livro 10: *A angústia*. Rio de Janeiro: Zahar, 2005, p. 194.
21. Jacques Lacan, *O Seminário*, Livro 20, op. cit. Lembremos que Lacan mobiliza o instante dramático do movimento para ilustrar a relação da angústia com o tempo.
22. Jacques Lacan, *O Seminário*, Livro 17, op. cit. (comentando Jean Macé, *Contes du petit chatêau*. Paris: Jean Hetzel, 1862).
23. Jacques Lacan, *O Seminário*, Livro 11: *Os quatro conceitos fundamentais da psicanálise*. Rio de Janeiro: Zahar, 1988 (comentando Plínio o Velho, *Histoire naturelle*. Paris: Gallimard, 1999).
24. Ibid.
25. Ibid.
26. Jacques Lacan, "A instância da letra no inconsciente ou A razão desde Freud". In: *Escritos*, op. cit.
27. Jacques Lacan, *O Seminário*, Livro 12: *Problemas cruciais da psicanálise*. Edição interna do Centro de Estudos Freudianos do Recife.
28. Jacques Lacan, *O Seminário*, Livro 17, op. cit.
29. Jacques Lacan, *O Seminário*, Livro 11, op. cit.
30. Jacques Lacan, *O Seminário*, Livro 9: *A identificação*. Edição interna do Centro de Estudos Freudianos do Recife.
31. Jacques Lacan, *O Seminário*, Livro 7: *A ética da psicanálise*. Rio de Janeiro: Zahar, 1998.

32. Nicolas Dissez, *Les Apologues de Jacques Lacan*. Paris: PUF, 2022.
33. João Adolfo Hansen, "*Ut pictura poesis* e verossimilhança na doutrina do conceito no século XVII colonial". In: *Agudezas seiscentistas e outros ensaios*. São Paulo: Edusp, 2014. Quanto à écfrase, é uma descrição verbal vívida, dramática, de uma obra de arte, literalmente "proclamar ou chamar um objeto inanimado pelo nome", retórico para relacionar imagens, sons e palavras de forma viva e iluminativa, criando sinergia ou sinestesia entre vários planos de apresentação sensível. Um poema ecfrástico e um poema inspirado por um filme, uma pintura ou uma peça de teatro.
34. Jacques Rancière; Javier Bassas, *As palavras e os danos: Diálogos sobre a política da linguagem*. São Paulo: Editora 34, 2024, pp. 98-9.
35. Hubert Damisch, *The Origin of Perspective*. Cambridge: MIT Press, 1995, pp. 441-4.
36. David Hockney, *O conhecimento secreto: Redescobrindo as técnicas perdidas dos grandes mestres*. São Paulo: Cosac Naify, 2001.
37. A câmera clara, usada na construção de *Os embaixadores*, é um instrumento óptico similar ao enfoque empregado por Lacan em sua interpretação sobre a formação do Eu a partir do narcisismo, que parte do experimento óptico de Bouasse com o vaso de flores. Cf. Jacques Lacan, "O estádio do espelho como formador da função do eu". In: *Escritos*, op. cit.
38. "Comecem a sair da sala onde sem dúvida ela [a tela] os cativou por longo tempo. E então o que, virando-se de saída — como descreve o autor das *Anamorfoses* —, vocês percebem naquela forma, o quê? — um crânio de caveira." Jacques Lacan, *O Seminário*, Livro 11, op. cit., p. 879.
39. De acordo com o preceito bíblico da *vanitas* — "[...] vaidade das vaidades, tudo é vaidade", Ecl 1,2 —, os pintores barrocos, especialmente nos Países Baixos, incluíam objetos como caveiras (representando a morte inevitável), relógios, ampulhetas ou velas apagadas (indicando a passagem do tempo), frutas e flores murchas (sugerindo decadência e a fragilidade da existência), instrumentos musicais ou taças de vinho (aludindo à fugacidade do prazer dos sentidos) ou livros e moedas (expressando a futilidade do conhecimento e da riqueza diante da finitude da vida).
40. Jacques Lacan, *O Seminário*, Livro 11, op. cit., pp. 87-8. A letra grega φ é usada por Lacan para designar o falo, em sua variante simbó-

lica (maiúsculo) ou imaginária (minúsculo): "[Falo] é o significante destinado a designar, em seu conjunto, os efeitos de significado, na medida em que o significante os condiciona por sua presença de significante"; "O falo como significante dá a razão do desejo (na acepção em que esse termo é empregado como 'média e razão extrema' da divisão harmônica)". Jacques Lacan, "A significação do falo". In: *Escritos*, op. cit., pp. 697 e 700.

41. "Se quiséssemos ser esquemáticos, a história das artes estaria marcada, em Lacan, por uma dupla escansão: as artes do vazio e, depois, as artes da *anamorfose*. Primeiro momento, o *vaso*. Segundo momento, o *crânio*. O vaso define a arte primitiva. O crânio, a arte contemporânea da ciência." François Regnault, *Em torno do vazio: A arte à luz da psicanálise*. Rio de Janeiro: Contracapa, 2000, p. 29.

42. Jacques Lacan, *O Seminário*, Livro 13: *O objeto da psicanálise*, lição de 11 maio 1965.

43. "Apesar de suas dimensões, aquele era um quadro privado; pior ainda, um quadro destinado a um único espectador, o próprio rei, pois ele estava pendurado desde 1666 em seu 'escritório de verão' e lá permaneceu até 1736. Na verdade Foucault democratiza o quadro, ele o republicaniza. Sua análise se baseia nas condições museológicas de apresentação, percepção e recepção." Daniel Arase, "O olho do mestre". In: *Nada se vê*. São Paulo: Editora 34, 2019, p. 137.

44. Descobriu-se que o pote vermelho teria sido feito de um tipo de barro com propriedades alucinógenas, que os habitantes das colônias na América costumavam mascar.

45. No peito de Velázquez há a Ordem de São Tiago, e do seu cinto pendem as chaves do escritório, recebidas não antes de 1659, portanto três anos depois de a tela ter sido concluída. Teria sido a cruz agregada posteriormente ao quadro, numa homenagem *post mortem* do rei ao primeiro pintor da corte. João-Maria Nabais, "A arte do retrato nas *Meninas* de Velázquez". *Revista da Faculdade de Letras: Ciências e Técnicas do Património*, série I, v. V-VI, 2007.

46. Michel Foucault, *As palavras e as coisas*. São Paulo: Martins Fontes, 2000, p. 9.

47. Jacques Lacan, *O Seminário*, Livro 12: *O objeto da psicanálise*. Edição interna do Fórum do Campo Lacaniano, p. 110.

48. Richard Simanke, "A letra e o sentido do 'retorno a Freud' de Lacan: A teoria como metáfora". In: Vladimir Safatle (Org.). *Um limite tenso: Lacan entre a filosofia e a psicanálise*. São Paulo: Unesp, 2003.

49. Vladimir Safatle, "Linguagem e negação: Sobre as relações entre pragmática e ontologia em Hegel". *Dois Pontos*, v. 3, n. 1.
50. Gilson Iannini, *Estilo e verdade em Jacques Lacan*. Belo Horizonte: Autêntica, 2012.
51. A expressão "ciência do Real" aparece no epistemólogo Émile Meyerson, como aparentada à ciência da lógica de Hegel. Ambos seriam apreciados por Lacan e pelos surrealistas como nome genérico para a crítica do positivismo. A ciência do real não seria uma espécie de superciência capaz de superar condicionantes e abordar ideais não passíveis de conhecimento, mas o estudo regrado dos resíduos, das imperfeições, das irregularidades provenientes tanto dos métodos de redução empírica quanto da consistência lógica das categorias emergentes. Essa ciência dos resíduos da realidade não se dirige, portanto, a nenhuma totalidade nem ao que está além ou que transcende a realidade. Ela não advoga qualquer estatuto transcendente ou metafísico e imaterial para a subjetividade. Ela pode, por exemplo, tematizar fenômenos religiosos de forma não religiosa. E caminha pari passu com as formas históricas de crítica da metafísica, da ideologia e de crenças irracionais, que aliás seriam casos paradigmáticos ou resíduos típicos da ciência experimental.
52. Barbara Cassin (Org.) *Dicionário dos intraduzíveis: Um vocabulário das filosofias*. Belo Horizonte: Autêntica, v. 1, 2018, p. 32.
53. Georg Friedrich Hegel, *Lições sobre história da filosofia*. São Paulo: Martins Fontes, 1986, p. 330.
54. Georg Friederich Hegel, *A ciência da lógica*. Petrópolis: Vozes, 2015.
55. Georg Friedrich Hegel, *Cursos de estética* (1807), apud Gilson Iannini *Estilo e verdade em Jacques Lacan*. Belo Horizonte: Autêntica, 2012, p. 294.
56. Jean Lefebvre, verbete "Alemão". In: Barbara Cassin (Org.), *Dicionário dos intraduzíveis*, op. cit., p. 33.
57. Gilson Iannini, *Estilo e verdade em Jacques Lacan*, op. cit., p. 288.
58. Marcel Bénabou et al., *789 néologismes de Jacques Lacan: Glossaire et listes*. Paris: Epel, 2002.
59. Jean Lefebvre, verbete "Alemão", op. cit., pp. 32-40.
60. "O truque do homem é encher tudo isto, como eu disse, com poesia, que é um efeito de significado, mas também um efeito de um buraco. Só a poesia, disse-vos, permite a interpretação, e é por isso que já não consigo fazer aguentar a minha técnica; não sou

pouâtez [poeta] suficiente, não sou *pouâteassez* [poema]." In: Jacques Lacan, *O Seminário*, Livro 24: *L'Insu que sait de l'une bévue s'aile à mourre*, lição de 10 maio 1977. Edição interna da Diagonal do Campo Lacaniano, 2020.

61. Marcio Peter de Souza Leite, "L'Une-bévue: Um nome para o inconsciente lacaniano?". *Acheronta*, n. 16, dez. 2002. Disponível em: <https://www.acheronta.org/acheronta16/unebevue.htm>.

62. Haroldo de Campos, "O poeta e o psicanalista". In: Edson Luiz André et al. (Orgs.), *A invenção da vida: Arte e análise*, Porto Alegre: Artes e Ofícios, 2001, p. 113.

63. Sergio Laia, "Análise e tradução do título de um seminário de Lacan: *L'Insu que sait de l'une-bévue s'aile à mourre*". s/d. Disponível em: <https://www.ebp.org.br/dr/ebp_deb/ebP_deb001/ebp_deb008/sergio_laia.html>.

64. Um exemplo de anfiguri em Almada Negreiros (*A invenção do dia claro*, 1921), a propósito de uma rapariga que entornou o cesto das tangerinas no mar: "Tam/ tam-tam/ tanque/ estanque/ tangerina bola/ tangerina boia/ tangerina-ina/ tangerininha/ pacote roto/ batuque nu/ quintal da nora/ e o dique/ e o Duque/ e o aqueduto/ do Cuco".

65. Filinto Elísio parodiará um dos mais célebres anfiguris de então, um poema anônimo ("Duzentos galegos/ não fazem um homem/..."), escrevendo um pretenso anfiguri em contrarresposta ("Dá cá o presunto,/ rapaz enfeitado/ ...").

66. Solução proposta por Roberto Zular.

67. Marcel Bénabou et al., *789 Néologismes de Jacques Lacan*, op. cit.

68. Jacques Lacan, "Televisão". In: *Outros escritos*. Rio de Janeiro: Zahar, 2003.

69. Jacques Lacan, "Situação da psicanálise e formação do psicanalista em 1956". In: *Escritos*, op. cit.

70. Jacques Lacan, *O Seminário*, Livro 25: *O momento de concluir*, lição de 15 nov. 1977. Staferla.

71. "Agora, ou seja, no crepúsculo, introduzo minha pitada de sal feita de histoeria [*hystoire*], o que equivale a dizer de histeria." Jacques Lacan, "Prefácio à edição inglesa do *Seminário 11*". In: *Outros escritos*, op. cit., pp. 567-9.

72. "A verdade tem a ver com o real, e o real é duplicado, por assim dizer, pelo simbólico." Jacques Lacan, *O Seminário*, Livro 25, op. cit., lição de 15 nov. 1977.

4. Surrealismos psicanalíticos [pp. 121-61]

1. André Breton, *Manifesto do surrealismo*. São Paulo: Brasiliense, 1985, p. 45.
2. Jacques Lacan, *O Seminário, Livro 25: O momento de concluir*, lição de 20 dez. 1977. Edição interna da Diagonal dos Fóruns do Campo Lacaniano, 2008.
3. "A estética lacaniana do real é o resultado de um tempo que não vê mais a arte como uma promessa de felicidade, como dizia Stendhal, ou seja, uma determinação concreta e adequada da Coisa. Ao contrário, o tempo da estética lacaniana é o momento histórico no qual a arte aparece como maneira sensível de sustentar o que não pode encontrar determinação para se afirmar positivamente em uma realidade totalmente fetichizada. A arte como rasura do poder reconciliador da simbolização e da linguagem." Vladimir Safatle, *A paixão do negativo: Hegel com Lacan*. São Paulo: Unesp, 2010, p. 289.
4. Juliana Labatut Portilho, *Lacan e o surrealismo: Inspirações para um conceito de objeto*. Tese de Doutorado (Filosofia). São Paulo: USP, 2019, p. 93.
5. Modelo e amante de Man Ray. Ela aparece em *Nadja*, de Breton, como "a misteriosa dama da luva".
6. A grafia correta da expressão em Heráclito é πάντα ῥεῖ, portanto Lacan adicionou, intencionalmente ou não, a letra "υ" no título de seu poema.
7. Alexandre Koyré, "A filosofia de Jakob Böhme". In: *Estudos de história do pensamento filosófico*. Rio de Janeiro: Forense, 1988.
8. Jacques Lacan, "Πάντα ῥυεῖ"/"Hiatus irrationalis" (1929). Esses e demais versos citados na tradução de Alexandre Marzullo. *Stylete lacaniano*, ano 9, n. 26. Disponível em: <https://www.stylete.com.br/numero26-artigo-1>.
9. Juliana Labatut Portilho, *Lacan e o surrealismo*, op. cit., p. 108.
10. André Breton, *What is surrealism?*. Nova York: Monad, 1978, p. 2.
11. Martin Heidegger, "Logos (Fragmento 50)". In: *Ensaios e conferências*. Petrópolis: Vozes, 1997.
12. Silvia Lippi, "Héraclite, Lacan: Du logos au signifiant". *Recherches en Psychanalyse*, 2010/1, n. 9.
13. Lautréamont, *Os cantos de Maldoror: Poesias, cartas*. São Paulo: Iluminuras, 2018.
14. Georges Didi-Huberman, *Invention of Hysteria: Charcot and the Photographic Iconography of the Salpêtrière*. Cambridge: MIT, 2003.

15. Henri Claude foi o orientador da tese de Lacan.
16. André Breton, *Nadja*. São Paulo: Cosac Naify, 2007, p. 126.
17. "Abandone tudo, abandone Dadá. Abandone a mulher e a amante. Abandone medos, esperanças, semeie seus filhos pelo mato. Deixe a essência pela sombra. [...] Comece a viagem." André Breton, "Lâchez tout", 1922.
18. Ainda que Freud fale em automatismo de repetição (*Wiederholungszwang*), a palavra *Zwang* (coerção) traduz mal o francês *automatisme*. Na verdade, ela encontra a cidadania psicopatológica em Clérambault, aquele que Lacan reputa ser seu único mestre em psiquiatria e que teria descoberto a natureza assemântica dos primeiros fenômenos psicóticos, chamados também de fenômenos elementares.
19. Élisabeth Roudinesco, *História da psicanálise na França: A Batalha dos Cem Anos*. Rio de Janeiro: Zahar, 1986, v. 2, pp. 37-9.
20. Algo análogo se poderia dizer da atitude de Freud sobre outros movimentos vienenses que lhe foram contemporâneos. Ele nada menciona sobre a revolução filosófica liderada por Wittgenstein, cujo primo ele atendeu, nem sobre suas implicações para redefinir a ciência, com Schlick e depois Carnap. Ainda que fosse amigo, desde a escola, de Hans Kelsen, a quem enviou os rascunhos de *O mal-estar na civilização*, ele nada disse sobre o positivismo vienense nem sobre a futura teoria neoliberal da escola austríaca, representada por Von Mises e Hayek.
21. Élisabeth Roudinesco, *História da psicanálise na França*, op. cit., v. 2, p. 43.
22. André Breton, *Les Vases communicants*. Paris: Gallimard, 1970.
23. Peter Gay, *Freud: Uma vida para o nosso tempo*. São Paulo: Companhia das Letras, 1989, p. 529.
24. Ibid.
25. Ernest Jones, *Vida e obra de Sigmund Freud*. Rio de Janeiro: Zahar, 1979, p. 769.
26. André Breton; Paul Éluard, *Dicionário abreviado do surrealismo*. São Paulo: 100/cabeças, 2024.
27. Sylvia participou de thrillers como *O crime de M. Lange* (1935) e *Um dia no campo* (1936), ambos sob direção de Jean Renoir, de comédias como *Nada a declarar* (1937), de Léo Joannon, e do drama *As portas da noite* (1946), de Marcel Carné. Cf. Jamer Kennedy Hunt, *Absence to Presence: The Life History of Sylvia [Bataille] Lacan*. Tese

de Doutorado (Antropologia). Houston: Rice University, 1995. Disponível em: <https://repository.rice.edu/server/api/core/bitstreams/48713835-6021-4fac-8a72-efoc8f745797/contente>.
28. Considera-se a parte direita do rio Sena (*rive droit*) a região mais rica e aristocrática da cidade, ao passo que a margem esquerda (*rive gauche*) seria a sede das universidades, da vida noturna e da efervescência política e intelectual.
29. Hunt, *Absence to Presence*, op. cit., pp. 174-5.
30. Ibid., p. 173.
31. Jacques Lacan, *O problema do estilo e a concepção psiquiátrica das formas paranoicas da experiência*. Rio de Janeiro: Forense, 1988.
32. Salvador Dalí, "O asno podre". Originalmente publicado em *Le Surrealisme au Service de la Révolution*, n. 1, jul. 1930. Disponível em: <https://www.academia.edu/38274555/O_Asno_Podre_Salvador_Dal%C3%AD_pdf>.
33. Ver cap. 2, nota 17.
34. O Colégio de Sociologia (Collège de Sociologie) foi um grupo intelectual fundado em 1937 em Paris por Georges Bataille, Roger Caillois e Michel Leiris. Distanciando-se da sociologia acadêmica tradicional, investigava as forças irracionais da sociedade como sagrado e o mito, poder e a violência, formas de transgressão. Seus membros viam a modernidade como excessivamente racionalista e acreditavam que a vida social precisava recuperar suas dimensões míticas e sagradas, encontradas em rituais religiosos e experiências comunitárias intensas. O Colégio realizou conferências regulares entre 1937 e 1939, com a participação de intelectuais como Walter Benjamin, Jean Wahl e André Breton.
35. Gabriel Bustilho Lamas, "Por um conceito de revolução surrealista". *Cadernos de Literatura Comparada*, n. 49, dez. 2023.
36. Jean Paulhan, *O guerreiro aplicado* (1947), apud Abenon Menegassi, *O conceito de destituição subjetiva na obra de Jacques Lacan*. Dissertação de Mestrado (Psicologia), São Paulo: USP, 2006.
37. Jacques Lacan, *O Seminário*, Livro 9: *A identificação*. Edição interna do Centro de Estudos Freudianos do Recife.
38. São casos notáveis deste método: Hélène Smith, a médium suíça que falava "marciano"; Violette, a parricida e mitômana; Blanche Wittman, a heroína trágica; Augustine, que colocou Charcot de joelhos; Claude Cahun, pseudônimo de Lucy Schwob, pensadora

e artista queer e transexual que terminou seus dias combatendo os nazistas; Leonora Carrington, amante de Max Ernst que relatou seu pungente internamento psiquiátrico. Devemos acrescentar a este grupo a Aimée de Lacan, que lutava contra seus plagiários e raptores; Dora Maar, amante de Picasso e paciente de Lacan; e as irmãs Papin, defendidas publicamente por Lacan como inimputáveis, diante da acusação de assassinarem suas patroas.

39. Georges Politzer, *Crítica dos fundamentos da psicologia: A psicologia e a psicanálise*. São Paulo: Unimep, 1998.
40. *Escritos de Antonin Artaud*. Porto Alegre: L&PM, 1983.
41. Anais Médico-Psicológicos. Jornal da alienação mental e da medicina legal dos alienados. In: André Breton, *Manifestos do surrealismo*. São Paulo: Brasiliense, p. 93.
42. Lacan fez a previsão equivocada de que depois da internação Artaud jamais voltaria a escrever.
43. "Os loucos são as vítimas individuais por excelência da ditadura social; em nome dessa individualidade intrínseca ao homem, exigimos que sejam soltos esses encarcerados da sensibilidade, pois não está ao alcance das leis prender todos os homens que pensam e agem." (Ibid., p. 35) André Breton, *Manifesto do surrealismo*, op. cit.
44. Christian Dunker, *Estrutura e constituição da clínica psicanalítica: Uma arqueologia das práticas de cura, psicoterapia e tratamento*. São Paulo: Zagodoni, 2012.
45. Blanchot participou do círculo intelectual de Bataille e colaborou em revistas como *Critique*. Concepções de Bataille sobre a transgressão, o limite da linguagem e a experiência mística aproximam a "literatura como experiência do limite", de Blanchot, da "experiência interior" de Bataille. O conceito de comunidade negativa em Blanchot dialoga com a visão de Bataille sobre a comunidade dos que não têm comunidade, uma reflexão sobre o vínculo social sem identidade fixa.
46. André Breton; Paul Éluard, *Dicionário abreviado do surrealismo*, op. cit.
47. "O que é uma práxis? Parece-me duvidoso que este termo possa ser considerado como impróprio no que concerne à psicanálise. É o termo mais amplo para designar uma ação realizada pelo homem, qualquer que ela seja, que o põe em condição de tratar o real pelo simbólico. Que nisto ele encontre menos ou mais imaginário, tem

aqui valor apenas secundário." Jacques Lacan, *O Seminário*, Livro 11, op. cit., p. 14.
48. "O real é aqui o que retorna sempre ao mesmo lugar, a esse lugar onde o sujeito, na medida em que ele cogita, onde há *res cogitans*, não o encontra." Ibid., p. 52.
49. "O Real é feito de cortes." Jacques Lacan, *O Seminário*, Livro 6: *O desejo e sua interpretação*. Rio de Janeiro: Zahar, 2016.
50. "Não é notável que, na origem da experiência analítica, o real seja representado na forma do que nele há de *inassimilável* — na forma do trauma, determinando toda a sua sequência e lhe impondo uma origem na aparência acidental?" Jacques Lacan, *O Seminário*, Livro 11, op. cit., p. 57.
51. "Eu chamo de sintoma o que vem do Real", precisando que "o sintoma é alguma coisa que antes de tudo não cessa de se escrever do Real". Jacques Lacan, *O Seminário*, Livro 22: *R. S. I*. Edição interna da Association Freudienne Internationale.
52. Referência à pintura de René Magritte, de 1937, na qual se vê um copo de água sobre um guarda-chuva, cujo título é *As férias de Hegel*.
53. "É no plano do impossível, como sabem, que defino o que é real." Jacques Lacan, *O Seminário*, Livro 17: *O avesso da psicanálise*. Rio de Janeiro: Zahar, 1992, p. 154.
54. "[...] que a lei moral, o mandamento moral, a presença da instância moral, é aquilo por meio do qual, em nossa atividade enquanto estruturada pelo simbólico, se presentifica o real." Jacques Lacan, *O Seminário*, Livro 7: *A ética da psicanálise*. Rio de Janeiro: Zahar, 1989, p. 31.
55. "[...] a ligação radical da angústia com o objeto como aquilo que sobra. Sua função essencial é ser o resto do sujeito, o resto como real." Jacques Lacan, *O Seminário*, Livro 10: *A angústia*. Rio de Janeiro: Zahar, 2005, p. 184.
56. "Esse objeto do Outro vem se erguer por cima de algo que chamamos como queiram: o quadro, o cenário, a tela, isto é, a amarração; só me utilizo de um termo cuja origem vocês conhecem, acredito, de André Breton, que eu diria ao Outro, dado que caracterizada por esse '*pouco de realidade*', que é toda [a] substância do fantasma, mas que também é, talvez, toda [a] realidade à qual podemos ter acesso." Jacques Lacan, *O Seminário*, Livro 13: *O objeto da psicanálise*. Edição interna da Escola de Psicanálise dos Fóruns do Campo Lacaniano.

57. Jacques Lacan, "Resposta ao comentário de Jean Hyppolitte sobre a *Verneinung* de Freud". In: *Escritos*, op. cit., p. 390.
58. "De onde vem o fogo? O fogo é o real. O real põe fogo em tudo. Mas é um fogo frio. O fogo que queima é uma máscara, se assim posso dizer, do real. O real é para ser buscado do outro lado, do lado do zero absoluto. De um modo ou de outro, chegamos a isso. Não há limite para o que podemos imaginar como alta temperatura. Por ora, não há limite imaginável. A única coisa que há de real é o limite de baixo. É o que chamo de uma coisa orientável. É por isso que o real o é." Jacques Lacan, *O Seminário*, Livro 23: *O Sinthoma*. Rio de Janeiro: Zahar, 2007, p. 117.
59. Jacques Rancière, "A modernidade repensada". In: *Tempos modernos: Arte, tempo, política*. São Paulo: n-1, 2021, p. 100.
60. "O real é a pulsão de morte, na medida em que só pode ser pensado como impossível." Jacques Lacan, *O Seminário*, Livro 23, op. cit., p. 121.
61. "Se ele é com toda certeza um escritor, não é um poeta. Schreber não nos introduz numa dimensão nova da experiência. Há poesia toda vez que um escrito nos introduz num mundo diferente do nosso, e, ao nos dar a presença de um ser, de uma certa relação fundamental, faz com que ela se torne também nossa. A poesia faz com que não possamos duvidar da autenticidade da experiência de San Juan de la Cruz, nem da de Proust ou da de Gérard de Nerval. A poesia é criação de um sujeito assumindo uma nova ordem de relação simbólica com o mundo. Não há absolutamente nada disso nas *Memórias* de Schreber." Jacques Lacan, *O Seminário*, Livro 3: *As psicoses*. Rio de Janeiro: Zahar, 1988, p. 94.
62. O núcleo do complexo de castração de Hans, inclusive o sonho de angústia com a mãe, envolvem o medo de se perder, de não conseguir sair, de não poder voltar, de partir com o pai. Nesse sistema de relações, a ambiguidade significante entre *"wegen dem Pferd"* (por causa do cavalo) e *"Wägen dem Pferd"* (carros ou carroças puxadas pelo cavalo) exerce um papel crucial. Na metonímia entre os dois termos foneticamente semelhantes (*wegen* e *Wägen*), Hans acaba por produzir o sintoma metafórico do cavalo. Mas metáfora não é apenas um recurso formal, o acaso de dois significantes que se cruzam, e sim uma metáfora que cria algo novo.

Cf. Jacques Lacan, *O Seminário*, Livro 4: *A relação de objeto*. Rio de Janeiro: Zahar, 1995, p. 324.
63. Jacques Lacan, "A instância da letra no inconsciente ou A razão desde Freud". In: *Escritos*. Rio de Janeiro: Zahar, 1998, p. 510.
64. Ibid., p. 501.
65. Ferdinand de Saussure, *Curso de linguística geral*. São Paulo: Cultrix, 2006, pp. 130-1.
66. Jacques Lacan, "A instância da letra no inconsciente ou A razão desde Freud", op. cit., p. 503.
67. Ibid., p. 507.
68. Jacques Lacan, *O Seminário*, Livro 11, op. cit., p. 161.
69. Sarane Alexandrian, *O que é surrealismo*. São Paulo: Verbo, 1976, p. 66.
70. Jacques Lacan, *O Seminário*, Livro 11, op. cit., p. 161.
71. Daniela Canguçú, *Vestígios do surrealismo na interpretação lacaniana: Colagem, disparate e loucura lúcida*. Tese de Doutorado (Educação), São Paulo: USP, 2022, p. 166.
72. Gilson Iannini, *Estilo e verdade em Jacques Lacan*. Belo Horizonte: Autêntica, 2012, p. 190.
73. Jacques Lacan, *O Seminário*, Livro 17, op. cit.
74. Gérard Wajcman, "A arte, a psicanálise, o século". In: *Lacan, o escrito, a imagem*. Belo Horizonte: Autêntica, 2012, p. 79.
75. Sigmund Freud, "O poeta e o fantasiar". In: *Arte, literatura e os artistas*. Coleção Obras Incompletas de Sigmund Freud. Belo Horizonte: Autêntica, 2015, p. 54.
76. Jacques Lacan, "Função e campo da fala e da linguagem em psicanálise". In: *Escritos*, op. cit., p. 32.
77. Sigmund Freud, *As pulsões e seus destinos*. Coleção Obras Incompletas de Sigmund Freud. Belo Horizonte: Autêntica, 2013.
78. Vladimir Safatle, *A paixão do negativo*, op. cit.
79. Jacques Lacan, *O Seminário*, Livro 11, op. cit., p. 61.
80. Lúcia Castello Branco, "Surrealismo e psicanálise: Em que real se entra?", *Literatura e Sociedade*, v. 12, n. 10, 2008.
81. Jacques Aubert, "Um percurso da literatura à psicanálise". *Escola Letra Freudiana*, ano XX, n. 28, *A jornada de Ulisses: Palestras de Jacques Aubert no Brasil e outros trabalhos*, 2001.
82. Bernardina Pinheiro, "*Ulisses*: Uma paródia moderna da *Odisseia*". *Escola Letra Freudiana*, ano XX, n. 28, *A jornada de Ulisses: Palestras de Jacques Aubert no Brasil e outros trabalhos*, 2001.

83. Jacques Aubert, "Introdução ao *Ulisses* de James Joyce". *Escola Letra Freudiana*, ano xx, n. 28, *A jornada de Ulisses: Palestras de Jacques Aubert no Brasil e outros trabalhos*, 2001.
84. "Lewis Carroll, por mais divertidos [que] sejam seus exercícios, permanece na esteira de Aristóteles. Mas é claramente da conjuração das duas posições que brota essa maravilha, ainda indecifrada, e para sempre deslumbrante: sua obra. Sabemos da importância que deram a isso, e ainda dão, os surrealistas. Não é para mim ocasião de expandir minha exigência de método, a despeito de algum espírito sectário. Lewis Carroll, e faço questão de lembrar, era religioso, religioso da fé mais ingenuamente, tacanhamente paroquial possível." Jacques Lacan, "Homenagem a Lewis Carroll". In: Jacques-Alain Miller (Org.), *Ornicar? De Jacques Lacan a Lewis Carroll*. Rio de Janeiro: Zahar, 2003, p. 9.
85. Jacques Lacan, "Lituraterra". In: *Outros escritos*. Rio de Janeiro: Zahar, 2003, p. 15.

Conclusão [pp. 163-81]

1. Jacques Lacan, *O Seminário*, Livro 13: *O objeto da psicanálise*. Edição interna da Escola de Psicanálise dos Fóruns do Campo Lacaniano.
2. Ibid., p. 297.
3. Pierre Rey, *Uma temporada com Lacan*. Rio de Janeiro: Rocco, 1990, p. 166.
4. "*Sinthoma* é uma maneira antiga de escrever o que posteriormente foi escrito *sintoma*. Essa maneira marca uma data, aquela da injeção do grego no que chamo de minha *lalíngua*, a saber, o francês. De fato, se me permiti essa modificação da ortografia, é porque Joyce, no primeiro capítulo de *Ulysses*, almejava *hellenise*, injetar, da mesma forma, também a língua helena, mas em quê? Não se sabe, pois não se tratava do gaélico, ainda que se tratasse da Irlanda." Jacques Lacan, *O Seminário*, Livro 23: *O Sinthoma*. Rio de Janeiro: Zahar, 2005, pp. 11-2.
5. Hugo Lana dos Santos, *A noção de estilo em Lacan*. Dissertação de mestrado em Psicologia Clínica. Instituto de Psicologia da usp, 2015.
6. Gilson Iannini, *Estilo e verdade em Jacques Lacan*. Belo Horizonte: Autêntica, 2012.

7. Gilles Granger, *Filosofia do estilo*. São Paulo: Perspectiva; Edusp, 1974.
8. Alan Sokal; Jean Bricmont, *Imposturas intelectuais: O abuso da ciência pelos filósofos pós-modernos*. Rio de Janeiro: Record, 1999.
9. Um autor que traça o programa do neobarroco, no interior das perspectiva pós-modernas, apoiando-se explicitamente em Lacan é Severo Sarduy, "O barroco e o neobarroco". In: César Fernández Moreno (Org.), *América Latina em sua literatura*. São Paulo: Perspectiva; Unesco, 1979.
10. "Que antes renuncie [à psicanálise], portanto, quem não conseguir alcançar em seu horizonte a subjetividade de sua época". Jacques Lacan, "Função e campo da fala e da linguagem". In: *Escritos*, op. cit., p. 321.
11. Christian Dunker, *Lacan e a democracia*. São Paulo: Boitempo, 2022.
12. Jacques Lacan, *O Seminário*, Livro 7: *A ética da psicanálise*. Rio de Janeiro: Zahar, 1988.
13. Pierre Bourdieu, *A distinção: Crítica social do julgamento*. São Paulo: Edusp, 2007.
14. Para Gramsci, a hegemonia significa, em parte, que uma classe ou uma aliança de classes conseguiu transcender os seus próprios interesses corporativos estritos e incorporou pelo menos alguns dos interesses das classes subalternas de tal forma que parece representar os interesses da sociedade como um todo. Luciano Gruppi, *O conceito de hegemonia em Gramsci*. Rio de Janeiro: Graal, 1978.
15. Claude Lefort, *A invenção democrática: Os limites da dominação totalitária*. São Paulo: Brasiliense, 1983.
16. Vladimir Safatle, *Maneiras de transformar mundos: Lacan, política e emancipação*. Belo Horizonte: Autêntica, 2020.
17. Ian Parker; David Pavón-Cuéllar. *Psicanálise e revolução: Psicologia crítica para movimentos de liberação*. Belo Horizonte: Autêntica, 2020.
18. Vladimir Lênin, *Esquerdismo, doença infantil do comunismo*. São Paulo: Ação Popular, 2014.

ESTA OBRA FOI COMPOSTA POR MARI TABOADA EM DANTE PRO E IMPRESSA
EM OFSETE PELA GRÁFICA SANTA MARTA SOBRE PAPEL PÓLEN NATURAL
DA SUZANO S.A. PARA A EDITORA SCHWARCZ EM MAIO DE 2025

A marca FSC® é a garantia de que a madeira utilizada na fabricação do papel deste livro provém de florestas que foram gerenciadas de maneira ambientalmente correta, socialmente justa e economicamente viável, além de outras fontes de origem controlada.